시마을 문예지

# 시선

시마을 동인협회

창간호
Vol.1

**인사말**  시마을 동인협회 회장 장승규 _ 004
　　　　 시마을 대표 양현근 _ 006

**동인탐방**  양현근(대담 허영숙) _ 010

**초대시인**  고영민  여름의 일 _ 029
　　　　 마경덕  봄이 일하는 보리밭가에 외 4편 _ 031

**동인의 시**  장승규  강물 외 2편 _ 041
　　　　 김부회  적(的) 외 2편 _ 045
　　　　 허영숙  환일(幻日) 외 2편 _ 053
　　　　 김재준  극락강 외 2편 _ 059
　　　　 최정신  청산도 외 2편 _ 065
　　　　 성영희  드르니항 외 2편 _ 069
　　　　 임기정  발 디민다는 것 외 2편 _ 075
　　　　 배월선  노을 정거장 외 2편 _ 079
　　　　 신이림  엉뚱한 집달팽이 외 2편 _ 084
　　　　 서승원  숟가락 외 2편 _ 088
　　　　 이승민  불꽃의 노래 외 2편 _ 093
　　　　 박 용  숨(breath) 외 2편 _ 097
　　　　 양우정  주파수를 맞추며 외 2편 _ 104
　　　　 김용두  벚꽃 피면 외 2편 _ 111
　　　　 정연희  소금쟁이 외 2편 _ 115
　　　　 정두섭  앗싸 가오리 외 2편 _ 121
　　　　 윤석호  출렁거리는 문 외 2편 _ 125

| | 조경희 | Y의 하루 외 2편 _ 130 |
|---|---|---|
| | 박미숙 | 한여름 낮의 꿈 외 2편 _ 136 |
| | 이명윤 | 어머니 은혜 외 2편 _ 140 |
| | 양현근 | 똥 외 2편 _ 146 |

**시 번역 및 감상**　장승규　내 가슴은 설렌다(윌리엄 워드워즈) _ 151
　　　　　　　　　　　　악양루에 올라(두보) _ 154

**시감상**　김부회　정류장(정두섭) _ 158
　　　　　　　　섬 속의 섬(허영숙) _ 160

**시평론**　김부회　아포리즘이 더 필요한 시대 _ 165

**수필**　장승규　꼰대편지 _ 183
　　　　최정신　미루나무 유적 _ 190

**동화**　신이림　염소 배내기 _ 197

**소설**　허영숙　파티파티 _ 207

---

　2024　　Vol. 01

**고 문** | 양현근　**회 장** | 장승규　**부회장** | 이명윤
**운영이사** | 이승민 허영숙　**감 사** | 최정신　**사무국장** | 박미숙
**동 인** | 양현근 장승규 박미숙 이승민 박 용 최정신 허영숙 임기정 조경희 이명윤
　　　　정두섭 김부회 이호걸 김용두 서승원 성영희 문정완 배월선 양우정 윤석호
　　　　정연희 김재준 신기옥

### 인사말

## 동인문예지 『시선』 발간에 즈음하여

**장승규**(시마을 동인협회 회장)

 여기 '시와 그리움이 있는 마을'에 '시마을 동인'이 결성된 지, 어언 20여 년. 이제 성인이 되었습니다.
 이에 『시선』이라는 제하에 동인지를 종합문학지로 발간하게 돼서 기쁩니다.

 그 오랜 기간, 단편으로 몇 권의 동인 시집을 발간하는데 그쳤었습니다만, 우리 동인들은, 서울 여의도에서 한국을 넘어, 아메리카 대륙에서, 아프리카 끝단 희망봉에서까지 활동하고 있고, 시에서 동시, 시조를 넘어, 수필, 동화, 소설, 평론에 이르기까지 문학 전 분야에서 활동하고 있습니다.

 이에 동인들의 문학적 자취를 해마다 한 권의 문학지로 묶어서, 지속적으로 펴내는 일이 가능한가 했는데, 누군가는 그랬습니다. 그냥 하던 대로 하자고.

그러나 우리는 여기까지 왔습니다.

앞으로 보다 넓은 분야에서
그동안 펜을 놓았던 동인들도 보다 적극적인 활동을 기대하며,
이런 우리 동인들의 활동자취를 해마다 면면히 엮어 나갈 수 있도록
다 함께 노력합시다.

자! 이제 다시 시작합시다.

## 인사말

## 시마을 동인지 『시선』 발간을 축하하며

**양현근**(시마을 대표)

　새싹이 트고, 꽃이 피고, 열매를 맺는 과정을 순환이라 한다. 시마을 동인은 시마을 개설과 함께 결성되어 그동안 우리나라 문학의 발전을 위하여 그 어떤 문학단체보다도 많은 노력을 기울여왔다. 문학의 씨를 뿌리고, 튼실한 열매가 맺도록 보이지 않는 곳에서 20여년이 넘게 묵묵히 우리의 길을 걸어왔다. 글을 처음 쓰는 문우들에 대하여는 문학의 올바른 길잡이가 되고, 삶에 지친 이들에게는 등대 같은 존재가 되기 위하여 노력하여 왔다. 수많은 시마을 동인들의 헌신과 수고가 있었기에 시마을이 오늘날까지 건재하는 원동력이 되었음은 주지의 사실이다.

　문학의 길이란 고통스럽기 그지없는 고행길이나 다름없다. 늘 목이 마르고, 오래 걷다 보면 다리도 아파온다. 올바르게 가는 길인지도 잘 모르고 안개 속을 한없이 헤매는 일일 것이다. 그러나 같이 하는 동행이 있다는 것처럼 위안이 되는 일도 없다. 고행의 길을 같이 걸어가는 시마을 동인이라는 존재가 있었기에 우리는 외롭지 않았고, 힘이 들어도 참고 견디는 법을 익혔다. 올바름에 대한 굳은 믿음이야말로 험한 세상을 건너는 진정한 위로라 믿는다. 우리가 걸어왔던 길, 그리고 앞으로 우리가 나아가는 길들이 진정 가치 있고, 아름다운 길이었다는 것을 안다. 우리 가는 길이 조금 힘들더라도 맞잡은 손, 놓지 않고 오래도록 동행하기를 진심으로 바란다. 그것이 세상을 조금 더 아름답게, 가치 있게 하는 일이라 확신한다.

시마을 동인지가 『시선』으로 새롭게 탄생한 것을 진심으로 축하하며, 시선 동인지가 우리나라 동인 문학의 새로운 지평을 여는 계기가 되기를 바란다.

# 동인탐방

**양현근**

(대담 허영숙)

동인탐방

# 시인 양현근 탐방기

**인터뷰**(허영숙 시인)

**양현근**

1998년 《창조문학》으로 등단.
2009년 《시선》 특별발굴시인으로 선정.
2011년 서울문화재단 창작기금을 받았으며,
2024년 《시선 문학상》 대상을 수상.
시집 『수채화로 사는 날』 『안부가 그리운 날』
　　『길은 그리운 쪽으로 눕는다』 『기다림 근처』
　　『산벚나무가 있던 자리』 『별을 긷다』 등.

**질문**: 어떻게 지내시는지요. 요즘 동인모임에서 모습을 자주 뵐 수 없어 전 시마을회장이자 현재 고문인 양현근 시인님의 근황을 궁금해 하고 많이 보고 싶어 하기도 합니다.

**답**: 제가 금융감독 당국에 오랫동안 근무하다가 몇 년 전에 민간 영역으로 근무처를 옮겼습니다. 민간 영역도 공직 못지않게 할 일도 많고 배워야 할 게 참 많다는 것을 느낍니다. 한국증권금융을 거쳐 구두회사인 엘칸토, STO 업체인 카사 코리아 등 많은 근무처를 옮겨 다니면서 세상에 대한 시선을 다양하게 가져가는데 많은 도움을 받았지요. 최근에는 은행권으로 적을 옮겨서 그동안 경험했던 것을 현실에 맞게 접목시키고, 은행 내부통제 기능을 강화할 수 있는 방안 등을 고민 중에 있습니다. 이와 같이 짧은 기간 근무처가 많이 바뀌는 등 개인적으로 많은 변화가 있었고, 그 와중에 건강이 좋지 않아서 과도한 대외활동을 자제해 왔었습니다. 앞으로 개인적인 일정 등에 무리가 없는 범위 내에서 동인 모임에도 참여할 수 있도록 노력해보겠습니다.

**질문**: 시인 양현근에 대해 질문하겠습니다. 처음 시를 쓰기 시작한 것은 언제이며 동기는 무엇인가요.

**답**: 사실 글쓰기에 대한 동기는 사소한 데서 시작된 것 같습니다. 평소에 책읽기를 즐겨하던 차에 고교 재학시절 스탕달의 장편소설 「적과 흑」을 읽고 썼던 독후감이 교지에 채택되면서 글

에 대한 흥미를 더욱 가지게 된 것 같습니다. 이후 다양한 글쓰기를 해오던 중 80년대 후반 한국은행에서 문예공모를 했는데 시 몇 편을 응모해서 당선작으로 뽑혔던 적이 있습니다. 지금 생각해보면 유치한 작품 같았는데 그 당시에는 내 글을 누군가 평가해준다는 것이 좋았던 것 같습니다. 이후 박제천 시인님이 운영하던 문학아카데미에서 3년 정도 시작법에 대하여 이론과 실기공부를 겸하여 많은 시인 지망생들과 함께했던 기억이 납니다. 비록 기계적인 창작 위주의 시작법이 내가 지향하는 바와 맞지 않아 방황했던 시간이 더 많았지만, 시에 대한 눈뜨기는 이때 시작된 것이 아닌가 싶습니다.

**질문**: 시는 주로 어떤 시간에 쓰시나요.

**답**: 자주 받게 되는 질문 중의 하나입니다만, 저는 그 무엇에도 방해받지 않는 조용한 환경을 매우 중요하게 생각합니다. 일도 그렇고, 시 작업도 그렇고 모두가 잠든 세상, 바람 소리, 벌레 소리만 들려오는 그런 칠흑 같은 밤이 제가 제일 좋아하는 시간대입니다. 잊혀진 유년의 추억들이 소환되어 오는, 그리고 온갖 상상력이 극대화되는 시간이 늦은 밤 시간이 아닐까 생각합니다. 개인적으로 좋아하는 일들은 주로 밤늦은 시간대에 하다 보니 늘 수면부족에 시달리기 일쑤이고, 아내로부터 수면에 방해된다는 불평을 많이 듣고 살았지만, 그것 또한 제가 좋아했던 일이기에 감내할 수 있었던 것 같습니다.

2017년 시마을 송년문학 축제

2019년 시마을 디카시공모전 시상식

**질문**: 시적영감은 시인마다 다르게 다가온다고 생각합니다. 시인님의 시적 영감은 주로 언제 오는지 궁금합니다.

**답**: 사실, 저는 새로운 것을 읽고 체험하고, 배우는 것을 무척 즐기는 스타일입니다. 지적 호기심이 그 누구보다 많은 사주팔자

를 타고난 것 같습니다. 그러다 보니 하루에도 소화하는 신문기사나 잡지, 책, 전문서적이나 사무실 일거리 등이 무척 많은 편입니다. 책이나 글을 읽다가 문득 문득 시적 영감이 떠오르는 일이 많습니다. 그럴 때마다 한 줄 메모 등을 하기는 하나, 시일이 지나다 보면 실제 창작으로 이어지는 경우는 많지 않은 것 같습니다. 게으른 탓이겠지요. 그래도 가끔 한두 편씩은 작품 소재가 되기도 합니다. 그러나 무엇보다 강력한 시적 영감은 고단한 삶 그 자체가 아닐까 합니다. 계절이 바뀔 무렵 가슴 끝이 서걱거리거나 아름다운 자연 앞에서 표현할 수 없는 아름다움을 느낄 때, 그리고 고단한 일상이라는 엄연한 현실이 시적 영감을 주는 경우가 더 많은 것 같습니다.

**질문**: 시인님의 모든 시는 자연과 친화적이면서 삶에 대한 시선이 깊다는 느낌이 듭니다. 때로는 아름답고 때로는 깊은 통찰력이 돋보이기도 합니다. 시인님의 시적요소는 무엇이라고 생각하십니까.

**답**: 사실 저는 두메산골의 산꼭대기 마을에서 나고 자라면서 그 누구보다 자연에 소중함과 따뜻함을 많이 느꼈습니다. 철마다 바뀌는 산마을 풍경들이며, 택시마저 들어오지 못하는 오지였지만 마을을 감싸는 따뜻한 인정과 정감 어린 사람들 속에서 유년시절을 보냈습니다. 볏짚 초가지붕 아래에서 산딸기, 아카시아, 찔레, 진달래꽃 등과 벗 삼아 골목길을 뛰놀던 유년의 추억들은 번잡한 도회지 생활을 버티는 소중한 힘이 되고 있는지도 모릅니다. 바쁜 직장일로 인한 스트레스 가운데서 그

시절의 풍경들은 나를 지탱해 주는 든든한 뒷배경이 되고 있는 셈입니다. 비록 두 발은 현실이라는 아스팔트에 서 있지만, 마음의 귀는 지금은 잊혀져 가는 것들, 지켜야 할 작지만 소중한 것들에게로 늘 열려있습니다. 어떻게 보면 저는 이 나이 들도록 누구의 손길도 닿지 않은 무위 자연(無爲 自然)을 꿈꾸고 있는 망상가이거나 철부지인지도 모릅니다.

**질문**: 첫 시집 《수채화로 사는 날》 부터 최근 시선문학상 대상수상을 하면서 나온 《별을 긷다》 까지 많은 시집을 내셨는데요. 모든 시집이 소중하지만 그 중에서 조금 더 애착이 가는 시집이 있다면 어떤 시집이며 이유가 궁금합니다.

**답**: 최근 시선집을 묶으면서 느낀 점은 아직도 마음에 드는 작품, 그리고 누군가에게 울림을 주는 시다운 시가 거의 없다는 생각이 들었습니다. 오래 전에 마음에 드는 시집을 내게 되면 마음에 맞는 사람들 몇 사람 초대해서 출판기념회를 해보고 싶다는 생각을 해 본 적이 있습니다. 그러나 지금까지 6권의 시집을 묶는 동안 마음이 흡족한 시집은 아직까지 없었던 것 같습니다. 따라서 지금까지 출판기념회라는 것을 가져보지 못했는데, 언젠가 마음의 여유가 생기면 누군가의 가슴을 밝히는 시, 가슴에 깊은 울림을 주는 시, 그리고 그런 시들을 묶어서 제대로 된 시집 한 권을 출간하는 것이 저의 작은 바람입니다. 그래도 제일 애착이 가는 시집을 꼽으라면 약 10여 년 전에 문예진흥기금 후원을 받아 출간한 「기다림 근처」(문학의 전당

刊)가 바쁜 일상 가운데 출간해서 그런지 마음이 많이 가는 것 같습니다.

**질문**: 작품으로 들어가 보겠습니다.

> 낡은 기와지붕이 고드름을 하나, 둘 매다는 동안
> 소년도 대나무처럼 몸의 마디를 키웠다
> 겨우내 눈발을 뒤집어쓴 대숲은
> 어디론가 보내는 울음 소인을 쿵쿵 눌러대곤 했다
> 아직 산골의 춘삼월은 멀고
> 산 그림자는 마을 어귀까지 내려와
> 밤새 호롱불 깜박거렸다
> 돌팔매질로 멍든 참나무 껍질이 아무는 동안
> 눈은 몇 번이고 쌓였다가 녹고
> 
> 그렇게 겨울이 말없이 오가고
> 기침소리도 녹았다 풀렸다
> 
>        - 시 〈그리운 통증〉 중에서

시인님의 시 〈그리운 통증〉 일부분입니다.
서정적이면서 깊이 있는 시인님의 시는 아마도 유년으로부터 거슬러 오지 않았나 생각합니다. 시인님의 유년, 그러니까 시인님의 소년, 작품 속의 소년 시절 그리고 청춘은 어땠는지 궁금합니다.

**답**: 감나무, 소나무, 참나무, 그리고 푸른 하늘과 바람 소리는 제 어린 시절의 스승이자 가르침입니다. 산골 소년에게 드넓은 자연은 둘도 없는 벗이자 친구였겠지요. 말벗이 필요하면 언제든지 말을 붙이던 친구이자, 마음 안에 다양한 물감을 들이던 어머니 같은 존재였습니다. 강아지와 놀다 심심하면 집 앞 안산에 올라 솔바람 소리를 즐겨 듣곤 했는데, 그 바람 소리는 어린 소년의 꿈을 어루만져주던 천상의 음악이기도 했습니다. 그도 그럴 것이 읍내에 나가려면 꾸불꾸불한 산길을 한 시간 넘게 걸어야 했고, 읍내에 나가도 특별히 마음 붙일 만한 것이 없었던 시절이었기 때문이지요. 산과 들, 강과 저수지, 작은 둠벙은 소년이 언제든지 마음 내키면 즐길 수 있는 큰 놀이터였던 셈입니다. 산길, 들길, 물길을 헤매며 돌아다니다 보면 하루가 어떻게 가는지도 모르게 지나갔을 겁니다. 어떻게 보면 지금까지 나름대로 몸과 마음을 건강하게 살아온 것도 어린 시절의 자연이 준 선물이 아닐까 생각합니다.

**질문**: 또 다른 작품입니다.

오랜 간병에 지친 어머니 한참을 흐느끼신다
아버지 그 울음소리를 밟고 높은 계단을 신으셨다
허공을 놓친 새소리가 하늘로 날아오르고
온기를 잃어 가는 손바닥에 바람이 지나간 길이
깊게 패여 있다.

그 길 위에 당산나무 한 그루 쓰러진다
잎에 묶여 있던 바람이 쏟아져 나온다
참, 외로우셨구나 그 바람을 몰고
아버지, 환한 언덕을 넘어
맨 처음 나선 그곳으로 홀홀 귀가하셨다

그 날 밤 당산나무에서 풀려 난 바람이
아버지가 벗어놓은 흰 고무신의 신발문수를 재고 갔다
낙엽이 길바닥을 끌고 가는 소리가 밤새 들렸다
- 시 〈바람의 귀가〉 중에서

**질문:** 이 작품은 읽으면서 마음이 아팠던 시인데요. 시인님의 시에서 유독 아버지에 관한 슬픈 시가 많았습니다. 시인님께 아버지는 어떤 존재였나요.

**답:** 어린 시절의 아버지는 말 붙이기도 어렵고 농담도 잘 하지 않던 엄격하신 분이었습니다. 오랜 기간 시골 마을의 이장을 맡아서 새마을 운동 등 마을 발전을 위한 다양한 일들을 추진하셨고, 속 깊은 인품으로 마을 주민들의 존경을 한 몸에 받던 그런 분이었습니다. 그러나 몸이 약하신 데다가 해소, 천식으로 늘 기침을 달고 살아서 추운 겨울이면 아버지의 밭은 기침 소리는 긴 저녁을 꼬박 새우기 마련이었지요. 농사라고 지은 열댓 마지기 논이며 밭농사도 농약대, 비료값과 인부들의 임금을 제하고 나면 거의 남는 게 없다고 입버릇처럼 말씀하신

기억이 납니다. 농사일을 못하시는 아버지 덕분에 학교 마치고 오면 소꼴도 베러 다니고, 농사일도 많이 거들면서 노동의 고달픔에 대하여 누구보다 일찍 체험하게 된 배경이기도 합니다. 그러던 아버지가 자식들 모두 잘되고 집안이 조금 살만해질 무렵 갑자기 암 진단을 받게 되었지요. 당시 50대 후반이셨으니까 온 집안이 많은 충격을 받았지요. 그 뒤로 약 7~8년의 긴 투병과정은 옆에서 지켜보기에 참으로 가슴 아픈 시간이었습니다. 그렇게 아버지는 한평생 고생만 하시다가 이른 시기에 우리 곁을 떠나가신 셈이지요. 그래서 그런지 유난히 아버지에 대한 연민과 그리움이 늘 마음 한 켠을 떠나지 않고 있는데, 위 작품은 그런 가슴 아픈 배경을 가지고 있는 셈입니다.

**질문**: 마지막 한 작품 더 보겠습니다

붉은 줄무늬넥타이가 양복을 휘감는다 오늘도 나는 어디론가 끌려가는 사막의 낙타, 암소의 눈망울처럼 순한 色의 아침은 없나, 혼자 아무렇게나 붉어져도 좋을 버찌의 하루는 없나

와이셔츠의 단추구멍으로 덜 깬 어제가 새어나오는 아침

거울을 보며 오늘을 조여 맬 일과를 생각한다 몇 번이고 펄럭거리며 올라야 할 계단과 풀었다 다시 조여 맬 관계에 대해 생각한다 매일 나를 조여 맬 色을 골라야 하는 그 아침을 생각한다.

- 시 〈아침의 色〉 중에서

이 시를 읽으면 직장인의 고된 삶의 부분이 느껴집니다. 오래도록 중요한 직책을 맡아 일해오셨는데 시인님께 있어서 일이란 삶에 어떤 영향을 주었는지 궁금합니다.

**답:** 한국은행을 거쳐 금융감독 당국에서 오랜 기간 근무하면서 중요한 경제적 변곡점은 다 거친 듯싶습니다. IMF 금융위기와 2008년 글로벌 금융위기, 은행들의 외화 유동성 위기, 가계부채 문제, 한진해운 및 대우조선에 대한 기업구조 조정 등 직무상 우리나라 금융사에 많은 영향을 미쳤던 사안의 한복판에서 일할 수밖에 없었습니다. 제게 주어진 직분과 소명이 그렇다 보니 도저히 피해갈 수 없는 외통수에 몰린 셈이지요. 야근을 밥 먹듯이 하고 주말마다 나와서 일과 씨름하다 보니 계절 바뀌는 것도 모르고 서류더미에 파묻히기 일쑤였지요. 그러다 보니 푸르던 청춘도 어느 새 연붉은 갈잎이 되어 있네요. 그렇게 일과 싸우다 보니 일에 무작정 끌려가기 보다는 차라리 내가 일을 즐기고 끌고 가자는 오기가 돋더군요. 피할 수 없다면 즐(?)하는 게 이기는 법이라는 생각을 했습니다. 그렇게 일은 저의 일부분이 되었고, 색깔이 다른 아침이 오고 또 가고, 세월은 그렇게 또 흘러가더군요. 요즘 들어 명리학에 대하여 관심을 갖다 보니 일복도 타고나는 것이 아닌가 생각도 하고 있습니다. 일복도 복이라면 복이겠지요. 모두 제게 주어진 운명이 아닐까 싶습니다.

**질문:** 시는 사람의 체질만큼 성향이 다를 텐데요, 시인님이 추구하는 시

의 방향이 궁금합니다.

**답**: 오늘날 문학의 장르는 한층 다양해지고, 표현하는 형태도 대담해지고 있습니다. 문학이라는 장르가 본질적으로 창의성을 생명으로 하다 보니, 새로운 형태, 새로운 표현방식이 무엇보다 중요한 가치로 자리매김하고 있는 것 같습니다. 현대시의 흐름을 보면 단색 위주의 단조로운 서정시에서 칼라로 무장한 다양한 형태의 시들이 쏟아져 나오고 있습니다. 시의 르네상스가 아닌가 싶을 정도지요. 그러나 시인들의 변화를 독자들이 따라가지 못하고 있는 게 엄연한 현실입니다. 주변을 둘러봐도 오늘날 쏟아지고 있는 시인들의 작품을 제대로 읽고 이해할 수 있는 사람들이 많지 않더군요. 이게 우리나라 시단의 문제가 아닌가 싶습니다. 독자들이 아닌 시인을 위한 시가 많이 쓰이고 시단에서 좋은 작품으로 평가받고 있는 게 부정할 수 없는 현실입니다. 독자와 시인의 괴리가 날로 커지다 보니 독자들이 시를 외면하게 되는 주요한 이유가 아닐까 생각해 봅니다. '시는 읽는 사람이 가슴으로 이해할 수 있어야 한다.' 제가 시를 쓰는 이유이자 지향하는 바이기도 합니다.

**질문**: 시마을과 동인에 관한 질문입니다. 시인님께서는 시마을을 개설하시고 많은 일을 해내셨습니다. 많은 등단작가가 나오고 시마을에서 시를 쓰고 읽으며 마음의 치유를 받았다는 사람도 많습니다. 처음 시마을 개설할 당시 어떤 생각으로 하셨는지 궁금합니다.

**답**: 저는 인터넷이 본격적으로 개통되기 전부터 하이텔과 나우누리를 통하여 문학 활동을 하고 바둑 동호회 활동도 해 왔습니다. 얼리 어댑터라 할 수 있겠지요. 그러다가 인터넷이 보급되면서 사이버 바둑을 많이 했는데, 아무리 열심히 노력해도 극복할 수 없는 프로기사와의 실력차이 등 한계 같은 것을 느꼈습니다. 바둑보다는 차라리 내가 잘할 수 있는 것을 해보자 하는 생각으로 2001년 개인 홈페이지를 만들었습니다. 개인 작품도 올리고 문인들과 교류하기 위한 목적이 컸었는데, 당시 입소문을 타서 그랬는지 많은 사람들이 몰려들기 시작했었지요. 그러다 보니 개인 홈페이지로 하기에는 너무 규모가 커져버렸고, 부담이 커서 2005년경부터는 오픈플랫폼 형태로 재구축해서 오늘날에 이르게 되었습니다.

한편, 개인 서재가 대규모 플랫폼이 되다 보니, 서버구축과 유지 등 물리적인 비용 못지않게 보안관리상 어려움과 이용자 간 갈등 등 크고 작은 일들을 많이 겪었습니다. 운영하는 과정에서 생긴 다양한 갈등과 분란 등은 또 다른 스트레스로 다가오기도 하였지요. 한때는 접고 싶은 생각도 많이 했지만, 시마을을 통해서 많은 사람들이 위로도 받고 교류하는 장으로 활용이 된 것 같아서 많은 보람을 느끼고 있습니다. 비록 내 개인적인 문학적 성취를 이루지는 못했지만, 한 알의 밀알이 되어서 문학의 지평을 넓혔다는 자부심이 작은 위안이 되는 것 같습니다.

**질문**: 시마을동인이 여기까지 온 건 초대 회장인 양현근 고문님이 계셔

서 가능했던 것 같습니다. 시마을동인을 만들어야겠다는 생각은 어떻게 해서 하시게 되었는지요?

**답**: 시마을 개설 당시부터 글을 써오신 분들이 몇 분 계셨습니다. 댓글 등으로 친분을 쌓다 보니 뜻이 맞는 문우들끼리 오프라인 모임도 하게 되었고, 이러한 과정을 거쳐서 동인을 결성하게 되었지요. 동인 결성을 통하여 시마을 개설 취지인 문학의 대중성 확보와 글쓰기에 대한 위로와 도움도 받을 수 있겠다는 생각도 했습니다.

초기에는 많은 시기와 질투도 받았고 많은 동인들이 탈퇴하고 신규 회원을 영입하는 등 우여곡절이 많았지만, 오늘날 시마을 동인은 시마을을 지켜주는 든든한 디딤목 역할을 해주고 있습니다. 최근 들어 제 개인적인 사정으로 동인 활동에 제대로 참여하지 못하고 있어서 미안한 마음이 앞섭니다. 앞으로 사정이 허락하는 한 오랜 기간 동인들과 글을 통하여 교류하고 따뜻한 마음을 나누고 싶습니다. 시마을 동인 결성 이후 시마을 동인 대부분이 창작시, 아동문학, 시조 등 문학게시판의 운영자를 맡아서 오랜 기간 봉사하는 등 시마을 발전의 주춧돌을 놓았다고 생각합니다. 이 자리를 빌어서 진심으로 감사하다는 말씀을 전해드리며, 동인 여러분의 건필을 기원합니다.

**질문**: 동인이 개설된 지 20년이 되었습니다. 어떤 단체도 이렇게 오래 이어가기 쉽지 않습니다. 그 중심을 잡고 계신 양현근 시인님이 계셔서 가능한 일이었습니다. 시마을동인이 나아가야 할 방향이 있

다면 어떤 것이라 생각하시는지요.

**답**: 동인이 오랫동안 존속할 수 있었던 것은 무엇보다 동인들의 문학에 대한 열정이 뜨거웠기 때문이겠지요. 아울러 동인들이 서로를 위하고 이해해 주는 인간미가 그 어느 조직보다 강하기 때문이 아닐까 생각합니다. 많은 단체나 모임들이 오래 지속되지 못하는 이유는 감투에 대한 다툼과 금전적인 문제, 그리고 본인이 최고라고 생각하는 사람들이 많기 때문입니다. 시마을 동인은 처음 발족 당시부터 글을 잘 쓰는 것도 중요하지만 무엇보다도 인성이 중요하다는 관점에서 출발했습니다. 동인이 오랫동안 유지될 수 있었던 것은 훌륭한 인품이 훌륭한 작품을 생산할 수 있다는 동인 설립정신이 오늘날까지 지속되고 있는데 그 원인을 찾아볼 수 있을 것 같습니다.

다만, 동인이 설립된 지 20여년이 되어가는데 문학적인 측면에서도 조금 담금질이 필요한 시점이지 않을까 싶습니다. 세월이 흐르면서 문학적인 성취를 이룬 분들도 많이 있지만, 일상에 기다 보니 시 한 편 쓰는 것도 어려운 것이 현실입니다. 다른 동인들의 문학적 성취를 본받아서 더 열심히 글쓰기에 노력해야겠다는 다짐을 개인적으로 하게 됩니다. 많은 동인들이 동인지 발간을 계기로 글쓰기에 대한 관심을 보다 많이 가지게 되기를 바라며, 문학사에 많은 발자취를 남기게 되기를 진심으로 바랍니다.

**질문**: 다음 생이 있다면 시인이 되고 싶으신가요. 아니면 다른 무엇으로

살아보겠다는 생각을 하신 적 있으신가요.

**답**: 시인이라는 타이틀이 결코 영광스럽거나 편안한 자리는 아니라는 생각을 많이 합니다. 산문이나 칼럼 등은 아주 손쉽게 틀을 잡고 편안하게 써내려갈 수 있지만, 시라는 장르는 결코 그렇게 호락호락하지 않더군요. 시적 상상력이 실제 작품화하는 데 들어가는 시간이나 노력이 몇 배나 더 힘들다는 생각이 들고, 나는 시인과는 어울리지 않는다는 생각도 가끔 듭니다. 고교 시절 제 꿈은 훌륭한 사진작가가 되는 것이었지요. 없는 돈을 털어 올림푸스 하프카메라를 사들고 가슴 벅차하던 시간들이 떠오릅니다. 제게 만약 다른 생이 있다면, 평범한 사진이 아니라 누구도 기록하지 못한 사물들의 이면과 내밀한 세계를 담아내는 훌륭한 사진작가가 되고 싶습니다. 세상이 복잡해진 만큼 눈으로 보이지 않는 것들이 훨씬 많고, 표현하고 싶은 일들이 넘쳐나는 것 같아요. 사진으로 담는 일은 시를 쓰는 일만큼 머리도 아프지 않고 스트레스 받는 일도 없을 테니까요.

**질문**: 인간의 평균 수명이 90이라 한다면 90이 되기 전 꼭 하고 싶은 일 세 가지만 말씀해 주세요. 인생 버킷리스트도 좋고 앞으로의 계획도 좋습니다.

**답**: 제 버킷리스트 중의 하나가 눈이 무릎까지 푹푹 쌓이고 상고대 피는 날 태백산을 등산하는 일이었지요. 그 꿈은 올해 3월에 이루었습니다. 태백에 5일 연속 눈이 온 다음 날 휴가를 써

서 혼자 태백산에 올랐는데, 발자국마저 끊긴 태백산에 상고대가 피어난 풍경은 말로 표현하기 어려운 느낌이었지요. 앞으로 이루고 싶은 세 가지를 든다면, 제일 먼저 사진이 담긴 이쁜 시집을 한 권 묶고 싶습니다. 단순한 포토 시집이 아니라 독자들의 가슴에 여운이 남는 그런 감성 있는 시집을 펴내고 싶네요. 두 번째는, 대한민국의 유명한 명산들을 두루 다녀보고 싶습니다. 올해 덕유산, 태백산, 평창군 선자령 등 몇 군데 명산을 다녀왔고 그동안에도 많은 산을 등산해 왔는데, 시간이 되는 대로 그동안 못 가 본 유명산을 100대 명산 중심으로 가보려고 합니다. 마지막으로, 우리나라 금융의 역사를 책에 담아보고 싶습니다. IMF부터 글로벌 금융위기, 가계부채 문제 등 제가 보고 겪었던 우리나라 금융사의 모든 것을 한 권의 책에 담아내려고 합니다. 역사는 반복되는 법이지요. 정책적인 문제뿐만 아니라 경제구조적인 문제에 이르기까지 우리나라가 앞으로 지향해야 할 바를 책에 담아내보려고 합니다.

지면을 할애해 주셔서 감사합니다. 동인 여러분의 건승을 기원합니다.

# 초대시인

고영민

마경덕

초대시인 · **고영민**

**고영민(高榮敏, Ko Young Min)**

2002년 《문학사상》으로 등단.
시집으로 『악어』 『공손한 손』 『사슴공원에서』
『구구』 『봄의 정치』.

## 여름의 일

나무 아래 앉아 울음을 퍼담았지

시퍼렇게 질린 매미 울음을
몸에 담고 또 담았지

이렇게 모아두어야
한철 요긴하게 울음을 꺼내쓰지

어제는 안부가 닿지 않은 그대 생각에
한밤중 일어나 앉아
숨죽여 울었지

앞으로 울 일이 어디 하나, 둘일까
꾹꾹 울음을 눌러 담았지

아껴 울어야지

울어야 할 때는 일껏 섧게
오래 울어야지

초대시인 · **마경덕**

**마경덕**

2003년 〈세계일보〉 신춘문예 시 당선
시집 『신발론』 『글러브 중독자』
　　『사물의 입』 『그녀의 외로움은 B형』
　　『악어의 입속으로 들어가는 밤』
북한강문학상 대상.
두레문학상.
선경상상인문학상.
모던포엠문학상.
김기림문학상.
미래시학문학상 수상.

## 봄이 일하는 보리밭가에

신월리 바닷가
끝없는 그 보리밭

봄이 먼저 취직한
삼월의 보리밭에서 나는 무엇을 했던가

멸치 떼처럼 반짝이는 바다를 건너온

봄이 일하는
보리밭가에 앉아

내가 할 수 있는 일은
녹색의 갯바람에 젖는 봄의 눈부신 머릿결을 바라보는 것,

그것이 전부였다

끝내
아무 일도 없었던, 실업失業의 봄

그 보리밭이
나는 가장 아팠다

## 지붕

창을 넘어오는 빗소리, 어둠에 숨은 밤비를 소리로 읽는다. 지붕 아래 누워 밤새 빗소리에 젖는 일은 단잠과 바꿔도 참 좋은 일

모과나무 첫 태에 맺힌 시퍼런 모과 한 알, 서툰 어미가 두 손을 움켜쥐는 밤. 빗물에 고개가 무거운 옥상의 풋대추도 노랗게 물든 살구도 자다 깨어 빗물에 얼굴을 닦고 있을 것이다.

내일이면 뿌리째 뽑힌 텃밭 달개비도 기운 차려 보랏빛 꽃을 내밀겠다. 첩의 입술 같은 붉은 능소화는 길바닥에 속엣말을 흥건히 쏟아놓겠다.

투둑투둑 콘크리트 바닥에 부딪혀 비의 발목이 부러지는 소리, 사방으로 빗물 튀는 소리.

피를 수혈 받는 밤

젖어야 사는 것들은 지붕이 없다.

## 지금 물의 기분은 최상입니다



불꽃이 혀를 날름거리며 냄비 바닥을 핥습니다
자극이 없으면 그저
냄비는 냄비, 물은 물일뿐입니다

예민한 양은 냄비는
한 방울 두 방울 수면으로 기포를 끌어올립니다
물의 껍질이 톡톡 벗겨지고 있습니다
맥박이 뛰고
물은 흥분하기 시작합니다
점점 격렬해집니다 적극적인 자세입니다

물의 탈피는
기화氣化, 아니 우화입니다
물은 날개를 달고 증기는 천장까지 날아오릅니다
건조하고 까칠한 실내 공기가 촉촉하고 말랑해집니다

한 바가지 물이
반 컵으로 졸았습니다
냄비는 바짝 수위를 낮추고
물의 입자들이 빠르게 창밖으로 증발합니다

이곳을 탈출해 구름이 되려는 물의 채위는 순항입니다

지금 물의 기분은 최상입니다
완벽하게 존재를 지우고 하늘의 품으로 달려가는 중입니다
탈피를 마친 물은 냄비를 버리고
곧 절정에 오를 수 있습니다

털썩, 물이 주저앉습니다

누군가 찬물을 끼얹고

까무러친 냄비에
날개가 부러진 물이 둥둥 떠다닙니다

## 소란한 아침들

믹서는 폭력적이다

터치 한 번에 자세가 돌변하고
비명을 내지르는 급회전에
레몬 사과 당근 사각얼음 뼈가 으스러진다

딸기의 살은 붉습니까
아니오
레몬은 노란 피를 가졌습니까
아니오

오답뿐인 일상
빙하를 갈아 만든 냉커피에 졸음의 꼬리가 잘리고
지친 세포가 눈을 뜬다

무지근한 아침
자극적인 발언은 밥상에 올리지 마세요

한마디 경고음에 분노가 휘몰아치고,
〈

이웃한 거리에서
기아와 전쟁과 뼈도 못 추릴 죽음이 뒤섞인다
드론이 날고 미사일이 무차별 아파트를 폭격한다
국경을 넘어 난민이 떼로 몰려온다

빙산이 무너져도 테이크아웃은 늘어만 가고
줄지어 식탁까지 날아오는
기괴하고 불안한 세상의 아침들

ON
굶주릴수록 믹서는 난폭해진다

OFF
아무 일도 없다는 듯 동작을 멈춘다

# 겹

야트막이 흐르는 물이 주춤거린다
가운데 박힌 돌 하나에 물의 발목이 엉켜 물주름이 여러 겹이다

중랑천을 건너는 새떼의 발톱에 걸려 또 허공이 접힌다 수다스런 날갯짓에 오후가 서쪽으로 끌려간다

즐비한 벚나무는 봄의 주름을 털어버리고 홀가분한데,

길가 장미 떼는 겹겹으로 가슴이 부풀고 가시는 이파리 뒤에서 붉은 꽃송이를 들어올린다 건드리면 피를 보고 마는 숨은 결이다

손잡고 걷던 아내를 떠나보내고 혼자 천변을 걷던 노인은 오늘도 보이지 않는다 벚나무 사이 노을을 바라보던 벤치가 텅 비었다

돌고 돌아도 닿지 않는 아득함은 몇 겹일까

겹, 겹, 겹

물에 빠진 끝물 햇살을 업고 바람이 물위를 걷는다 살랑이는 뒤꿈치에서 반짝이는 잔주름이 번지고 있다

뻐꾸기가 흘린 울음의 겹을 다 세지 못했는데 여름의 허리가 기울었다

# 동인의 시

장승규 김부회 허영숙

김재준 최정신 성영희

임기정 배월선 신이림

서승원 이승민 박 용

양우정 김용두 정연희

정두섭 윤석호 조경희

박미숙 이명윤 양현근

# 장승규 시인

필명: 장남제.
경남 사천 출생.
한국외국어대학 영어과 졸업.
2003년 《문학세계》로 등단.
현재: 남아공 요하네스버그 거주.
Supex Ltd 대표.
K장학재단(ww.kscholarship.com/kr/) 이사장.
시마을(www.feelpoem.com) 동인.
시집 『당신이 그리운 날은』(2003), 『민들레 유산』(2018),
『희망봉에서 그대에게』(2020) 등.

supexsam@hanmail.net / kscholar@supexgroup.com

## 강물

울만큼 울었을까, 강은
이제 저 언덕 하나 넘어 파도소리를 듣는다
소금기가 밴

산국 핀 돌틈에선
오르막인가 하면 긴 내리막에
때로는 벼랑끝 절망으로 울부짖기도 했다
들국 핀 벌판에선
몇 번인가 다시 되돌아 구불구불 젖고 또 젖었는데
어느덧, 하국 옆 갈대숲에 이르니
오르막도 내리막도 없는 것이 늘그막이다

돌아갈 수 없을 때에야 알게 되었다
구불구불하다 불평하던 그 길이
눈부신 청춘이었단 걸
울어도 함께 하던 그 세월이
그리던 행복이란 걸, 강은

(요하네스버그 서재에서 2023.10.17)

## 공수거

두발자전거 안장에 앉아 수레를 굴린다
한 발도 나아가지 못하고
굴릴수록 공수레
애먼 세월만 되감기고 있다

저만치
골목 끝 단감나무, 꽃은 이미 이울고
그 아래 세발자전거
아이는
어서 형아가 되고 싶어
세월보다 빨리 달려오고 있다
아무것도 모르면서
어느새 형아를 아득히 지나쳐
아버지를 지나
아이는 안장에 앉아 지난 세월을 수거하고 있고

뒷뜰 단감나무 잎 진 가지 끝에
까치밥 세 알
수거된 세월을 바람에 씻고 있다

(요하네스버그 서재에서 2022.11.22)

## 매미

고향 떠날 때
동구 밖에서 속으로 울던 매미

타향에서 오래 살다
돌아오니

나는
어느 덧  늙어 있고

그 소리
오늘은 하늘에서 들리네

## 김부회 시인

문예바다 편집주간.
모던포엠 편집위원.
도서출판 사색의 정원 편집주간.
〈김포신문〉 시 전문 해설위원.
중봉문학상 대상.
문학세계 문학상 평론부문 대상 외 다수.
시집:『시, 답지 않은 소리』,『러시안룰렛』.
평론집:『시는 물이다』.

# 적(的)

 익숙하다 어디서 본 듯 들은 듯 흐르는 선율 이미 저승으로 떠난 가수의 허스키한 그가, 이승에서 울고 있다 소음을 달랜 소름이 음표가 되고 미명의 어스름이 노래가 되는 꿈과 꿈, 서로 밀접할 수 없는 등과 가슴의 결계에 내가 있다 소리 속을 흐르는 소리, 망각의 겹철릭을 걸친 소리가 이불 속을 뭉근하게 데운다 창틈으로 귀를 세울 때마다 선명하게 부조( 浮彫)되는 소리, 몸이 떠난 자리에 마른 목소리만 꿈결인 듯 흐른다 그가 떠난 것인가 내가 남은 것인가, 지금이 어제였듯 오늘이 내일이 될 수 없는 여기 어디쯤 거슬러 갈수록 더 신선해지는 시간의 모호한 선도( 鮮度)를 더듬거린다 여적 살아있는 눈꺼풀의 몽롱을 지금도 기필코 적 的 하는 그대와 그대의 그대, '와사삭' 자궁을 밟고 나오며 들었던 기저 모를 오래된 비명만 손에 쥐고

# 와

어머니는 아버지와 살아요
나는 나와 살아요
때때로 (와)라는 것이 주인이 되기도 하죠
(와)에 붙어서 산다는 것은 기생한다는 말이에요
어느 날은 이집트에서 날아 온 모래를 손에 쥐어요
이집트와 내가 사는 것이 아닌데
손에 쥔 모래가, 밤마다 별이 되는 꿈을 꾸네요
하늘을 내가 만든 감옥에 가두는 상상을 해요
(와)는 (과)가 되기도 하죠
감옥과 하늘을 잇는 길이라고 설명하면 되나요?
하늘과 내가 같이 사는 것이 맞으니까요
(와) 또는 (과)의 법칙에 그닥 들어맞지는 않지만요
(와)면 어떻고 (과)면 어때요
주인은 눈이에요
초점에 맞닿은 정면이 세상이라면
여기가 하늘이 아니라 하늘 밖의 감옥이겠지요
나는 나와,
나는 (와)의 (나)일까요? 나의 (와)일까요?
애매한 공상은 과학이 될 수 없어요
이등변 삼각형의 꼭짓점은 이등변으로 인해

위가 되어서 꼭짓점이죠
나는 나와, 하나가 된 것처럼
닫힌 곳에서는 늘 지지대가 받쳐주고 있어요
(나) 라는 삼각형의 두 변처럼
분열이 만든 파생이겠지요
나는 별수 없이 나와 살아요
때로는 내가 아닌, 전혀 모르는
내가 아니라는 말로 들리네요

참 낯설기도 하네요

# Rain

빗방울이 붓을 들었다
질척거리는 거리의 화폭

빗속에 비가 내릴 때
잠 덜 깬 젖은 꿈의 파편들
빗줄기 사이 이름이 맺혔다 뭉그러진다

물에 젖은 시간이 침묵을 뭉치다 떨군다

꿈꾸는 방은 빛의 반쪽만 필요했고
나는 햇살 가닥을 절개하고 있다

비가 비를 산란하는 날
물에 고인 눈먼 적요가 당신을 부른다
젖은 것들이 다시 젖듯
나도 젖는다

어항 밖으로
불어 터진 불빛들 뛰쳐나오는 그때
 〈

여전히 물에 잠겨있는 거리에
비는 내리고

Still Away
Still Away

# Rain

**by Boohoae Kim / Translated by Kyoonwon Yang**

Raindrops play their brushes
on the canvas of muddy streets.

Rain in the rain
Fragments of half-awakened dreams
Among those rain streaks, names bear buds to be crushed.

Time is soaking wet, gathering and dropping silence.

Half-light is good enough for my room in dreams
And I'm lancing the sun's rays.

The day rain spawns rain
Blind silence welling up in water calls you
As wet things get wet again,
I also get wet.

When lights swell to jump
Out of the fishbowl,
〈

It keeps on raining

In the street still lost in water.

Still away

Still away

## 허영숙 시인

2006년 《시안》으로 등단.
2016년 부산문화재단 창작지원금 수혜.
2018년 〈전북도민일보〉 소설부문 신춘문예 당선.
시집: 『바코드』 『뭉클한 구름』 등.

# 환일(幻日)
-세 개의 눈동자

골방 같이 어둑한 겨울 숲을 빠져나와 고개를 들었을 때
구름을 조금씩 밀어내며 나를 보는 얼굴

강물에 비친 제 눈동자나 들여다보며 놀던
아슴한 날의 상이 굴절되어 맺힌 기억 같은 것인가 하면,
반야심경으로 마음을 다스리며 평생 몸 안에 슬픈 등 하나 켜고 산 어머니의
울화 깊은 눈동자에서 박리 되어 나오는 울음 같은 것인가 하면,
온몸을 그늘로 치장하고 살다 어느 날 문득 얼뜬 얼굴로 건네던 안부 인사가
낮밤 불길하게 햇무리 달무리지다 스스로 해가 되어 하늘로 들어간 이의
눈동자인가 하면,

움트는 첫 빛을 맨 먼저 보겠다고 밤을 꼬박 새운 사람의 지친 얼굴 말고 가만가만 저물어
가는 하늘에 수런거리는 옛 기억이라도 길들이며 사는 사람의 얼굴,

그런 늦은 오후의 얼굴에 고인 눈동자

# 우리는 너무 오래 서있거나 걸어왔다

오래 걷다 잡힌 발의 물집을 위로하자고
죽어서 누운 나무의 등뼈 한 가운데 앉는다
나무가 눕는다는 것은
생사의 금을 긋는 일
햇살과 바람의 간섭으로
틔우거나 피우거나 찬란하거나
보내거나 견디거나 하던 극복의 기록이
오히려 투쟁이었다는 듯
살아서 서 있다는 것이 형벌이었다는 듯
마른 수피 한 벌 입고 누워버린 나무는
너무 오래 서 있거나 걸어왔다
골진 자리에 하얗게 피고 있는 독버섯
죽은 나무에 햇살 구멍을 만들어 분주히 들락거리는 개미들
아직도 파랗게 날 선 풀꽃군락을 지날 때도
그늘마저 물들이기 위해 골똘하는 느티나무를 지날 때도
보이지 않았던 새로운 길이 여기 있다
닫히는 중인 줄 알았는데 한 세계가 새로 열리고 있었다
다른 종들의 거처로 먹이로 다시 쪼개지고 쪼개지다 보면
마침내 흙
물집 잡혔다고 주저앉은 내 발도 마침내 흙

봄을 알리지도 못하고
언젠가는 봄을 보지도 못할 것 끼리 거룩하게 섞이고 섞여
다음 생이 목생이라면 오백 년을 산 나무의
일 년 생 잎으로 와서 함께 펄럭여 볼까

# 곡우

비 오자 겨우 논물 드는데
다 버리고 남도로 간다는 당신의 말은 슬펐네
곳간의 단단한 볍씨 같은 말
땅 헐거워지면 뿌려지고
비가 오거나
비가 오지 않더라도 당신이나 나나
살아가고
살아지고

제 한 몸 스스로 거두는 나무도 꽃을 버리고
허공을 비워두네
물자리 깊은데
서로 엉성한 절기를 지나네

고랑 터는 비라 하더라도
아프게 우는 사람에게는 치명적이어서
하늘을 다그치네

구름이 숨차게 뒤를 따르네
〈

청명 지나 입하사이 한 사람이 깊숙이 숨네

올해는 울음도 풍년이어서
그 질긴 곡식 낫질하느라 손 마디마디 붉게 헐겠네

김재준 시인

2009년 광주일보 신춘문예 당선.

## 극락강

저기를 지날 때까지 영산강은 아직 영산강이 아니다
버드나무 숲이 있는 곳

그때 나는 청동의 나이
눈에 보이는 모든 것은 두드려야 할 대못으로 보였다
술과 밥과 내일이 쉬워 보였다

그러다 한 여자에게서 금강종에 부딪친 것처럼 심장소리가 턱없이 맑아져서 어디선가 은빛 피리들이 모여들어 놀았다
겨울이 얼음장으로 눌러놓아도 설익은 고구마처럼 자맥질이 뜨거웠다
그러면 물비늘은 반짝여 버드나무는 황금가지로 물들고 그 잎으로 너무나 많은 셈을 치르며 살아왔다

저기쯤이었을 것이다
늦은 오후의 빛들이 흘러가는 곳
노을 속에 한 여자에게로 뛰던 은심장을 묻었던 곳

어린 강은 저기를 지나 비로소
바람이 흔들어도 황돛을 단 배가 드나들 수 있는
장강이 되어 흐른다

## 사랑한다는 말이 당신의 심장에 닿아

앵두에 욕심이 일어
심는 김에 다른 묘목들도 심었는데

눈길이라도 건네고싶은데
조로를 들고 서서

어느 것이 앵두나무인지 알아볼 수 없네
옆에 서서도 알아볼 수가 없네

이 막막한 무지를 어찌할 수 없네
그래서 나는 멀리 있는 사람

어찌할 수 없이 기다리는 사람
앵화를 보여줄 때까지

무지의 얼음장 위에
뜨거운 말 한 마디를 올려놓고 기다려야 하네

사랑한다는 말이 심장에 닿아
앵두의 입술이 붉어지면

〈
그때는 불을 처음 피워낸 원시 사내처럼
아름다운 화상을 입겠네

## 입춘서설

공원 의자에, 한 쌍이
어째 쭈뼛거리는 것이

아무래도 옆에 서있는 목련이
희고 둥근 시간을 서둘러야 할 모양새다

여자의 볼우물에 연분홍이 설핏해지며
남자의 어깨에 머리를 기댄다

저 기울기로 행성에는 계절이 생겨나지
여자에게도 춘하추동이 찾아올 것이다

봄에서 겨울로 수없이 오가며 짠 비단을 두르고
왕비가 되기도 할 것이지만

희로애락이 문을 두드려
잠 못 드는 밤이 길어지기도 하겠지만

아직은 아무 것도 기록되지 않은
순백의 파란만장

〈
부푸는 면사포처럼
목련의 개화전선이 팽팽해진다

# 최정신 시인

2004년 《문학세계》로 등단.
2019년 조세금융신문 《디카시》 입선.
시집: 『구상나무에게 듣다』 외 동인지 다수.

# 청산도

흰 옷고름을 적시면 청색이 되는
섬에서 육지살이 푸념을 짠물에 풀었어요
구절양장 구멍 숭숭한 돌담은 오랜 세월 견딜
요량으로 진종일 바람이 드났어요
앞 파도가 뒷 파도를 다스림은
천 년이 걸려도 모래성을 쌓겠다는
다짐을 켜켜이 써 내려요
은혜도 사랑도 몽땅 떼먹고 물 건너 도망 온
몹쓸 심상에 울타리 밑 밀감도 몇 개
구운 갯비린내도 몇 점 권하는 나지막한
울타리 안쪽에는 원초적 손품이 살가웠어요
물새는 다음 때거리 같은 건 걱정하지 않았고
허공이 길인 새는 나는 동안 뒤를 돌아보지 않았어요
퍼내도 퍼내도 마르지 않는 상한 속내 떼어내는
법을 익히기에는 파도만 한 스승이 없었어요
새벽 해장 뚝배기김국에서 건져낸 전복 껍데기에
텅 비워낸 후기가 무지개체로 빼곡했어요

## 소리를 뜨네

구월이 벙그는 공원 빈터,
잇바디 활짝 열어 새벽을 배달하는 나팔꽃 지천이네

일주일에 한 번 서는 차양막 아래
공갈 한 톨 없는 무쇠틀에서 밀반죽이 부푸네

배불뚝이 공갈빵이 공갈빵을 쓸어안고
1004번지 그늘 요람,
기저귀가 구워지고 분유가 구워지고
까르륵, 까르륵, 희망이 고소하네

손가락 가지에 주렁주렁 만개한 소리꽃,
씨줄과 날줄이 꽃구름 무늬를 짜네

수북이 쌓인 공갈에 지전 몇 장 건네니
하회탈 눈매가 고봉으로 눌러 담은
함박웃음 덤으로 봉지 속이 빵빵하네

서른 갓 넘겼을까 말까 앳된 남정이 써 내려가는 연시
각시탈 아내가 손뜨개로 뜨는 답시

느티 그늘 빈칸에 연서를 받아 적는 풀벌레 목청이 낭랑하네

## 리타이어(retire)

고전을 추억하는 건 부유하던 삶이 멈춘 조바심이다

바람을 말아 당겨 장서를 넘기는 폐타이어
그의 방식은 질주라는 맹독의 잡초였기에
무료한 일상은 치욕이란 속내를 들킨다

스스로에게 난장을 치는 불안한 부동,

꽃 시절은 스피드가 정점을 찍던 어제의 일,
신기루를 향해 꼬리를 잇대 헛바퀴를 수습하는
아직 멈추지 않겠다는 공회전은
지문 닳은 몸피로 굴리는 노을이다

공원 나무의자에 아침이 방목한 또래 몇 낱
막차의 패를 쥐고 홀로 뒤처지지 않은 다행을 나눈다

비창을 연주하는 새떼의 날갯짓에 대해,
오후 여섯 시 햇살이 방전된 자존에 대해,
카론의 배로 환승할 마땅한 시간에 대해,

## 성영희 시인

충남 태안출생, 인천 거주.
2023 인천문학상 수상.
2023 아르코 문학나눔도서 선정.
2023 김우종 문학상 수상.
2019, 2022 인천문화재단 창작기금 수혜.
2017 경인일보, 대전일보 신춘문예 시 당선.
2015 농어촌 문학상 수상.
2014 제12회 동서문학상 수상.
2010 시흥문학상 수상.
서울/인천지하철 스크린도어 시 다수 선정.
시집:『섬, 생을 물질하다』,『귀로 산다』,
　　　『물의 끝에 매달린 시간』.

## 드르니항

꽃게로 유명한 백사장항에 가시려거든
잊지 말고 드르니항에 들러보시길
몽산포 푸른 솔숲을 지나는 길에도
꽃지해변 할미 할아비바위 사이로 지는
눈부신 낙조를 맞으러 가는 길에도
그냥 가지 마시고 들러서
드르니항의 조그만 속삭임을 들어보시길

호젓한 저녁이 황금빛 갯벌을 몰고 와
긴 꽃게 다리를 펼쳐 놓거든
서운했던 사람에게 먼저
안부라도 띄워 보시길
당신 마음 하나 다 들르지 못하고
먼바다만 떠돌다 돌아온 드르니항
쓸쓸한 항구에 정박한 어선 한 척이
꼭 당신만 같다고

## 찬물

그립다는 말이다
여차하면 꽁꽁 얼어버리겠다는
냉정한 의중이지만
사무치게 얼었다가
서서히 녹았다는 증거다
먼 우주도 지구가 그리우면

별빛으로 지나가거나
눈송이로 펑펑 쏟아지듯이
그리하여 한 대접 찬물로
장독대에 놓이기도 하듯이
흰 꽃으로 무장한 저 눈송이들도
누군가의 그리움이 만든
갈 데까지 간 결정체다

내리다 머문 곳이 다 저의
운명자리라는 듯
글썽이는 눈꽃들을 보라
그리움도 식으면
찬물이 된다

〈
그 찬물 마시고
속이나 차리라 한다

# 춤

땅도 오래되면 춤추듯 출렁거린다
그 옛날 바람이거나 파도였던 곳,
억겁의 시간을 견디고 나니
춤 출 일만 남았다는 듯
그 위에 핀 풀들도 흔들린다
내놓고 추기가 부끄러워서
지층 깊숙이 출렁이는 형상들을 밀어 넣고
가로의 춤만 꺼내 흔든다

태고로부터 쌓아온 바람과 파도와 자갈들의 말
행간 어디쯤에서 한 호흡 쉬어야겠다는 듯
休, 휘어진 층리
그 틈을 빌려 꽃이 핀다

춤추는 땅,
지층 사이사이에 몇 천 년이 들어있다
몇 천 년이란 저렇게 얇거나 출렁이는 것이어서
오랜 시간이 눌러 놓았을 바람의 연대를
절벽마다 융기마다 우뚝 내거는 것이다
그러고 보면

지층은 바람이 낳은 거대한 생산물이므로
땅도 이따금 덩실 춤추는 것이 아닐까

춤추다 굳은 땅은
퇴적도 곡선이다

## 임기정 시인

경기 파주 출생.
시집으로 『느티나무의 엽서를 받다』.
동인시집 외 다수.

## 발 디민다는 것

경남 산청 신안면 사무소 앞
외각에 꾸며놓은 평상을 무시한 채
노인들의 발 도장으로
원형탈모 되어 있는 잔디밭에
발 디밀고 싶다
원지에서 송계리까지
재래시장 장날처럼
뜨문뜨문 다니며
타 동네 주민까지 아는 체하는
기사의 버스를 타고
벨이 아닌 여기요 라고 하면 세워주는
그곳에 내리고 싶다
복잡함 비우고 싶은 날에는

## 더하기사랑

찬바람이 발톱부터
갉아먹는 줄 모르고
담벼락에 기대 딱지 먹기 하다
얼어 터지려는 발을 끌며
부리나케 찾은 안방
아랫목에 아버지 누워계신다.
윗목을 겉돌며
아랫목 기웃거리는 발가락
태산처럼 높이 쳐든 아버지 무릎 속
두 다리 넣었다 뺐다 하며
더하기 하고 있는

## 집게손

칡뿌리 캐러 산에 올랐다
비에 쓸려 허리를 내밀고 있는 박격포 탄
고철값 많이 받을 거란 생각에
돌아가잔 말 무시한 채
삽으로 파고
넝쿨에 묶어 끌고 내려간다.
펑-
고압선이 끊어져 스파크 일어나는 것처럼
심줄에선 피가 솟아오르고
포갠 손 붙들고 병원으로 가
절단된 손에는 갈고리 의수가 끼워졌다
고목 밑동 같은 어두침침한 집
불러도 들은 척하지 않는
소주병 붙들고 씨름하다 웅크린 체
사탕발림 말조차 듣기 싫다고
허공에 대고 의수를 휘두르며
공격적으로 변해버린
집게손인 무빈이 형
군부대 많은 파주에 홀로 살고 있다

## 배월선 시인

경남 창녕 출생.
방송통신대 국문과 졸업.
2009년 월간《문학바탕》등단.
2010년 월간《문학바탕》한국서정문학상.
수상시집『당신과 함께 가고 싶은 나라』,
『등본이 따뜻하다』

## 노을 정거장

저녁 들길 낙엽들이 팔랑인다
어느 시절에 소중한 이들이 있어 다정히 불러주었을 이름과
수줍게 달아올랐을 두 뺨은 바람이 물고 갔다
오랜 길 끝으로 사라진 생의 파편들
서쪽 창가, 커튼을 젖히면
넘어갈 듯 말 듯 산등성이 노을이 가깝다
오만가지 생각들이 밀물처럼 밀려드는데
장애등급이 매겨진 요양원 침실벽면엔 가족사진이 붙어있다
보고 싶을 때마다 봐달라고 잊지 말자는 약속처럼
사진 속으로 걸어 들어갔다가 빠져나올 때면 나도 모르게
몰래 티가 들어가서 눈시울이 붉어졌다
저녁, 붉게 물든 낙엽의 온도가 38도를 넘었다
마지막 소원 한 가지만 들어준다면
사진 속 장소로 다시 한 번만이라도 데려다 줄 수는 없는지
그래야만 열이 내릴 것 같은데
지난주부터 보호자는 없는 전화번호였다
낙엽은 낙엽끼리 모여 사는 거라고 바람은 웅성거리고
우리는 웃으며 슬프게 익어가고
노을 정거장에는 부서질 것 같은 낙엽들이 바삭거리며 산다

## 평등한 잠

대형 신문사들이 줄지어 들어서 있는
서울 한복판
문학 모임에 다녀오는 길
달팽이처럼 접고 있던
긴 목을 빼내어 집으로 돌아가는 길
지하철 역사 안
주섬주섬
라면 상자를 펼치는 사내
하룻밤 접을 나팔꽃 줄기는 기둥이다
바닥이라도 다 같은 바닥이 아니다
기둥이라도 잡으면 좀 낫다
노숙하는 마당에 기둥을 차지하는 것도
오늘의 운수 안에 들어있는 일
언제부턴가 비껴간 기둥을 찾아
몸뚱어리 누이는 일이
씁쓰레한 습성이 되어버린 사내
지었다가 뭉갰다가, 접었다가 펼쳤다가
날이 새면 쥐도 새도 모르게 사라질 건축물
나팔꽃 등줄기가
밤의 바닥을 깔고 눕는다
신문 기사 거리도 못 되는 흔해빠진 노숙이
시가 되는 밤
잠 속에 내리는 꿈은 가난하지 않기에

## '그토록'이 없었더라면


한때 끼니처럼
'그토록'이 있었다
침묵하는 눈알과 침몰하는 눈알이
무수히 빛나는, 얼룩을 훔치며
깊어가는 밤, 이유 없이 홀딱 샌 날이 많았다
절실과 절망의 절취선을 잘라내지 못하고 목매, 달리던
그토록,

지나고 보면 그토록,
별일도 아닌 것이 송두리째 옭아매던
밥 티들, 일찍이 튀밥같이 허공을 부리던 주인이었다
'그토록'이여

비로소, 하하 우습다
 내게 있어 '그토록'이란
빗방울이 뛰어내리며 죽어갈 때
바닥을 박차고 튀어 오르는 마지막 파동이었다
파전에 막걸리, 동전같이 뱅그르르 돌던 것이
누군가는 달려오며 누군가는 멀어지며
그토록 살아내었구나!

산천에 꽃불 지피는 일도 한낱 허투루 피어나는 법이 없는
그토록,
붉은 입술들

천 년을 피고 지는 동안 우리도 백 년을 피고 지는 것이다

## 신이림 시인

필명: 신이림(본명:신기옥).
1996년 서울신문 신춘문예 동화 당선.
2011년 황금펜 아동문학상 동시 당선.
동화책: 『염소 배내기』 『싸움닭 치리』 외.
동시집: 『발가락들이 먼저』, 『춤추는 자귀나무』.

## 엉뚱한 집달팽이

집달팽이가
집 자랑하다
민달팽이에게 한 방 먹었대.

-넌, 너 하나
겨우 들어가는 집에 살지만
난, 하늘이 지붕인
어마어마한 집에 살아.

그러자 집달팽이가
더듬이를 세우며 물었대.

-넌,
그 크고 무거운 집을
어떻게 지고 다녀?

## 언제쯤 알까

염소는
앞에서 고삐를 잡아당기면
뻗댄다.

염소는
뒤에서 고삐를 잡아주면
길을 잘도 찾아간다.

울 엄마는
아직도 모른다,
내가 염소라는 걸.

## 소리알

대나무
숲에 가면
바람이 튼 둥지가 있어

사사사사…
사사사사…

가끔씩
소리알
깨어나는 소리
들리지.

깨어난
소리들이
날갯짓하는 소리
들리지.

## 서승원 시인

서울 출생.
『느티나무의 엽서를 받다』.
동인시집 외 다수.

## 숟가락

세상은 밥상
포크레인이 숟가락을 든다
맨 땅에 돌멩이 몇 개
순수가 반찬이던 그 시절
우린 밥 안의 돌도 씹어 삼켰다

# 카톡

안부를 물을 사람이 없다
먼저 목을 맨 얼굴이 떠올라

아버지보다 오래 산다는 건
자랑일까 죄악일까

말씀을 귀로 읽으며 자랐지만
눈은 이미 보지 못한 것들을
지나쳐 왔다

범람하는 이모티콘
무한증식이 주는 혜택은
벗겨진 머리 위에 덮어 쓴 가발
10년쯤 젊어 질 표정 하나를 보낸다

속지 마시라
울림에 진동에 소리 없음에
더 이상의 소식은 존재하지도 않으니

## 다 함께 차차차*

우리 동네 시장엔 바람둥이 여자가 있습니다
치맥을 좋아하는 남자와 사귀다
어느 날은 돈가스를 좋아하는 남자
얼마 지나지 않아 순댓국을 좋아하는 남자와 어울립니다

로데오 거리 한 뼘쯤 들어간 자리에 살고 있는 그녀는
철의 심장을 지니고 있어 남자가 바뀔 때마다
부수고 허물고 다시 세우는 일을 화장 고치 듯 아무렇지도 않게 해 냅니다

그녀를 거쳐 간 남자들은 뭘까요
자신감에 차 그녀와 난 오래도록 사랑을 나눌 수 있어 하고 다가서지만
몇 달 혹은 1년을 못 버티고 떠나는 남자들의 심장은 어떨까요

로데오 쭈꾸미 7월 오픈 예정
또 새로운 남자가 그녀 앞에 다가 오네요
이 남자에겐 그녀의 사랑이 오래 넘치길 바랍니다
새로운 오랜 전통으로 남길 바랍니다

시장을 지나치는 행인 1인 저도 한때 똥줄 탔던 사람

전기요금 미납고지서 가스요금 미납고지서를 오줌처럼 흘리고 다닌 사람
　　그러나 이제는 다 잊고 함께 잘 살아 보고픈 사람
　　그녀와 그 남자의 행복한 동행을 보고픈 사람입니다


　　* 다함께 차차차 - 설운도 노래

# 이승민 시인

필명: 이시향.
현) 시와 그리움이 있는 마을 동인.
울산디카시인협회 회장.
울산아동문학회 회장.
한국아동문학인협회 부이사장.
한국동시문학회 이사.
울산문인협회 이사.
'시의 향기', '디카시 세상', '내 안에 詩' 운영.
디카시집: 『우주정거장』 외 19권.
제주도《삼양 포구의 일출》시비 건립.

## 불꽃의 노래

땀과 철이 엉키는
노동의 시간

어둠 속에서 일구는
고된 숨결

밤하늘 별 대신 불꽃이 튄다

## 나의 성화(聖火)

철벽에서 채굴하면 어떤가!
푸른 불꽃 켜며
하루 또 하루 살다보면
행복과 용접되지 않던 절망에도 꽃이 핀다

## 히어로

눈에서 레이저 나가고
손으로 불도 뿜는
아이언맨보다
가족을 위해 오늘도
굉음 속에서 일하는 부모님

## 박 용 시인

2003년 현대시문학 등단.
2003년~현재 시마을 동인.
영포문학회원.
소설:『황홀한 고통』,『감포항』.
수필:『사랑한다는 말』.
전자시집:『술 취한 비행사의 노래』.

## 숨(breath)

단 0점 몇 그램의 숨을 쉬는데도 심장이 일으키는 규칙적 운동 행위
는 숨의 결을 놓치지 않으려고 다잡네요

숨넘어가면 안 돼요
넘는 것들은 다시 돌아오지 않죠

입구가 좁은 통로에서 폐쇄 공포증과 교차하는 감정 반응은 망아지 뜀
박질에 버금가는 몇 자락 숨의 교행이 발작적 체증을 호소하는 것일 뿐,
자율신경의 자율적 메커니즘이기에 지금까지 습관대로 내버려 두세요
목을 다치지 않았다면 숨의 통로는 확보 된다는 게 정설이니까요

늘 반듯해서 기우뚱거리지 않는다면 그것은 숨의 규칙적 운동 에너지
가 합목적 교행을 진행하는 패턴입니다 막대 그래프를 위로 잡아당기지
마세요 혈압을 동반한 숨의 시간이 부하를 일으켜 사망의 시간대로 유
도하는 잘못된 표식이 됩니다

나를 관리하는 나의 심장을 존중하시고요
당신의 선행적 관리가 5분만 숨을 멈추면 그것은
5분의 악행으로 숨을 사망케 할 수도 있으니까요
숨이 막힐 때는 단 한 박자의 재채기가 꼭 필요해요
절체절명의 한 수를 놓치면 황천길인 걸 아시죠?

## 허튼 바람 소리

바람은 소리로 날고
날고 싶은 것들은 소리를 높인다
세상의 귀는 모든 소리에 방울을 단다
바람이 바람날 때 세상이 소란스러운 것은
사람들이 귀로 방울을 흔들기 때문이다

높은음자리표 바람이 낮은음자리표 바람과 결탁하면
바람은 뿌리부터 거칠어져 날 선 바람이 되고
때 바람 몰려 회오리치면 바람몰이 난장판이 된다

바람은 바람으로 날고 싶어 맨발이다

고삐 없는 바람을 올라타면 봄바람 되고
몸부림을 치면 회오리바람이 되다가
세력이 붙으면 정치 바람이 되기도 한다

방방곡곡 토호 바람 불어 닥치는 정치 돌풍 계절이다
옆구리를 찌르는 벌거숭이 이웃과
바람 몰이 하는 신바람 거간꾼들이
묵은 바람을 새 바람이라 우기는 것은

못된 바람 뿌리에 그저
빛 좋은 개살구를 접붙이는 일이다

정당마다 바람을 부풀려 포장하고
이 바람이 오늘 나온 새 바람이라며
청정바람으로 세상을 바꿀 거란다
구정물에 씻은 밥알 보고
개량 품종 햇 쌀밥이라는 거와
뭐가 다른 감
품종이 그 품종인데다
바람 행실머리는 빼박인데
원심 분리기에 넣고 스핀 걸어보면
추출된 DNA는 아무래도 그냥?이다

널브러진 골목마다에는
바람 잡으려는 샅바 싸움이 가관이다
쓰레기 정치꾼들이 오염 경보를
웃도는 수준의 라우드 스피커로
지지 선언을 을씨년스럽게 다구친다
내 평생 들어온 거짓말들이 봇물이다

정치 없는 청정 세상에 달빛에 목청을 높이는
귀뚜라미였으면 얼마나 좋을까

한두 번 들어본 말이 아닌데도
말은 쭉지를 흔들며
고층 아파트 민심에 매달려
횡설수설 오르내린다
이 널뛰기 바람을 올라탈
신선 바람은 과연 있는 것인지
바람에 수위를 높이는 바람잡이들을
나랏일에 바람막이로 쓸 수는 과연
있을 것인지?
허튼 바람에 쉰내만 난다

## 바다로 간다


슬그머니 일어서는 익명의 그리움이
상처로 도지는 날
손톱 밑 생채기처럼 마음이 까칠한 날
미더운 하늘이 바다로 보여
명줄 놓고 뛰어들고 싶은 날
바다로 간다

매일 가벼워지는
존재의 무게를 채근하며
경계와 경계 사이에 끼어
하루를 묵묵히 담보하는 날
무정부 무국적의 머나먼 나라로
떠나 살고 싶은 날
바랑도 행낭도 없이
발길을 내몰고 싶은 날
바다로 간다

궁색을 버리고 가난을 업어 오더라도
바다의 자유와 마주하면 기력이 돋친다
펄쩍 뛰는 생물이 되고 싶어

빠른 걸음으로 바다에 가면
속 끓이는 파도 한 자락 덮쳐와
내 의식의 잠망경을 닦는다

사는 게 득도라 가르치는
창해(蒼海) 일조(一鳥) 갈매기 날갯짓에
자유 하는 영혼이여!
무덤 없는 통곡의 파도여!

갈아입을 수의 한 벌
하얗게 피고 지는
물의 혼백이여!

## 양우정 시인

2022년 《시와산문》으로 등단.
2017년 시마을문학상대상.
시마을동인

## 주파수를 맞추며


구식 명함 길모퉁이에 깔고 앉은
제각기 뜨거운 밥줄이었을
셈법에 무디었던 현수막 문장 결

라디오를 조립하던 사내아이가
흰머리 노인이 된
안개로 젖어들던 김 서린 골목

단순하던 음률 속
새로운 전입 목록이 추가되고
노년 한가한 노동의 시소는
불법이민 같은 낯섦의 목적지를
지우느라 한가하다

적막한 식욕 속
서로의 간격으로 기대며 지탱하던
미래를 발음하던 잊혀가는 배경 속
양은 냄비 속 국수발보다 더 뜨거웠던
한 시대의 대표들
편도의 주파수를 맞추는 저녁

상가 안 호흡이 긴
오래된 진공관 라디오로
오늘도 기억을 편집한 신청곡이 흘러나온다

명운이 끝나 철거되는 오래된 무늬
야음을 타고 오르는 볼록한 기류에는
멸종되지 않는 악력의 허밍이 있다

# 기억의 잠

모든 저녁이
수증기가 되는 건 아니겠지요

들어 올리고 당기는 활배근의 기억을 알지 못할
외로워지는 저녁이 싫은 거예요
한 벌뿐인 머릿속 날개를 잃어버려
벽이 되고 절벽이 되는 두려움 때문만은 아니에요
하루를 다 읽고 웃음과 눈물의 의미를 모른 채
돌아오는 저녁이 싫은 거예요

발음이 근사했던 기억의 내부
귓속에 풀어 놓은 산책길에 어린 목소리들의
지붕은 아직도 따뜻한데
정물로 놓일 날카로운 하루가 싫은 거니까요
이제 조금씩

방향을 잃어 갈 거예요
벗어놓은 날짜도 기억 못 하는 사생활이 견고해지며
잘못 읽거나 틀린 시간의 생존을 수시로
죽이게 될지도 몰라요

가장 일찍 해가 뜨고 가장 늦게 해가 지며
서서 잠드는 날이 많아지겠지만
어쩌면
꿈은 늘어나고 더 완벽해질지도 몰라요

멈춘다는 것이 또 다른 것을 기다리는 것이라면
남은 자의 면접에서 이유가 되기는 싫으니까요
블랙이 되었다가 백지가 되는 일은 말이죠

# 로켓맨

비상구가 보이지 않는
달려 달려의 친절한 표지판 위를
온몸을 들썩이며 날고 있어요

중력을 삼킨 발목들이
실시간 기지국으로 전송되는
늘어난 폐활량의 빙하 위를
리듬 없이 비행하지만
바닥에서 선명해지는 단단한 거짓말조차
노래를 위한 선율이 될 수 있을 거라며
극한의 목소리를 꿀꺽 삼켜요

멀어지는 좌표 밖
끝내 번역할 수 없는 은하수의 별똥별만이
반짝거리는 공중제비 곡예
좀 더 날아야 악몽에서 벗어날 수 있는
잘라도 잘라도 싱싱하게 자라는
일인칭 행성

어떤가요?

메서드로 보이는 것만이 유일한 생존법인
극지에서 만날 꿈꾸기 좋을 시간
밤과 새벽 사이의 스펙트럼 안

마지막 파장인 페르소나의 웃는
수직을 사랑하시는
신선한 아침 첫 퍼즐

김용두 시인

2013년 《시문학》 등단.
동인시집 『푸른 꽃들의 시간』,
　　　　『느티나무의 엽서를 받다』 등.

## 벚꽃 피면

긴 동안거 끝에
나무가 해탈을 했다
한 번 웃으니
천지가 감동하고
눈부신 광채에
세상 어둠이 걷힌다
진리를 설법하니
뭇 중생들이 떼거리로 몰려든다

## 눈 오는 날의 하늘

하얀 거짓말로
세상을 꾀는 자
하루에도 몇 번씩
얼굴을 바꾸는 다중인격자
흠 있고
죄 많은 것들을 향해
괜찮다고
신기루 같은 말로
덮으려는 자

# 나무 2

오도 가도 못하고 주저앉은 게 나무라 하지만

나무는 절망이란 단어를 모르고
끊임없이 근육을 키우는 보디빌더처럼 나이테를 키워요
나무는 그렇게 푸른 수의를 입고서 허공을 걸어가요

생이 당신을 오도 가도 못하게 할 때
높이뛰기 선수 같이 도약하는 새처럼 해봐요

생각을 멈추고 그냥 나무를 따라하세요
나무는 매년 새로운 수의를 갈아입어요

나이테는 나무가 승리한 매달이랍니다

## 정연희 시인

2017년 〈전북일보〉 신춘문예 당선.
2017년 〈농민신문〉 신춘문예 당선.
2018년 경기문화재단 전문예술창작지원 문학분야 선정.
2023년 용인문화재단 발간지원사업 선정.
시마을 동인.
경기 시인협회, 용인문학회, 동서문학상 수상자모임 회원.

1001jyh@hanmail.net

## 소금쟁이

비 온 후 둥둥 떠 있는
물에 젖지 않은 글자들
까막눈 노인도 아이도 읽을 수 있는
웅덩이가 키우는 유유한 글자들이다

간혹 두 손으로 재빠르게 뜨면
어쩌다 잡히는 귀한 훈계들
정교한 다리의 각도는
지게의 짐을 버티던 다리와 다리 사이의 각도다

저 생존의 각도,
아버지의 아버지가 버텨 오던 모습
불거진 힘줄의 시간과
무거운 어깨의 힘이 새겨져 있다

떠 있는 것이 아니라
온 힘으로 버티고 있는 것이다
물을 누르고 낭랑하게 뛰는
저 찰나의 힘
〈

자식을 떠받치는 다리의 기적
부성의 각도

## 채널 유목민

빛이 두려워
까만 눈 속에 들어앉은 세상
리모컨 하나, 손바닥에서 떠도는 들판
쥐었다 펴면 그려진 손금 위에서
힘차게 날아오르던 파랑새

새들이 사라진 하늘
접힌 날개를 털자 후드득
가보지 못한 하늘이 소파에 떨어진다

설산과 바다와 바람과
저지르지도 내려놓지도 못한 것들
바쁘게 채널을 사냥하며
얼마나 많은 시공간을 헤매고 다녔던가

낡은 신발 같은 구름을 바라보며
되감기는 나의 족적이 빛을 잃는다

산다는 것은
어둠과 빛 사이를 떠도는 것

작은 빛 하나가 세상을 흔들고 있다

## 나무가 전하는 바람의 말

침묵 속에는 더 많은 소리가 들어 있다

침묵을 모르는 너는
너무 많은 이름을 가졌어
생성과 소멸의 큰 눈으로 방황을 하지

어디에도 없고 어디에나 있는
푸른 춤사위를 만드는 조련사다

너의 길은 늘 특별한 순간들
직진의 습성이 휘돌아오면
들판은 굽이치는 바다가 된다

초식의 생이란
흔들리고 휘어지고 뿌리가 뽑혀도
무수한 팔을 뻗어
부러지지 않는 세상을 기원하는 것이 전부다

고요는 고요한대로
별들은 내려와 수런수런

안으로 자란 흉터를 끌어안고
못다 쓴 일기를 쓴다

너의 길을 따라가다 울퉁불퉁해진 글씨체
옹이진 매듭을 풀어 가면
마디마다 움트는 꽃순들 웃는 소리
폭풍소리로 쓸려간 곡절이 노래가 된다

## 정두섭 시인

2019년 신라문학상대상.
2022년 경남신문 신춘문예.
2022년 중봉조헌문학상대상.

sd1862@hanmail.net

# 앗싸 가오리

에로스 간판 아래 시스루 유리창에

'앗싸 가오리 달랑 삼만 원' 붙어 있다. 날개를 활짝 펼친 가오리들 볼 테면 봐라 속 다 까뒤집었으나 저기가 바람의 거처. 고향이 청양인 빨간 가오리, 가오리가 앗싸를 만난 사연 한 병 더 한 접시 더 들려준다. 해조음에 놀라 출렁이던 여인네 가오리 장사치를 홀렸으나 봉당 지나 시어미, 가오리 가오리 귀잠을 불렀지만 미처 깨물지 못한 앗싸와 엉겁결에 결합했다는 과부說. 청춘 가고 할매 가고 질긴 목숨 구멍에 그물이나 던졌는데 늙은 어부 손아귀 속 미끌미끌 찰진 몸뚱이 느낌, 어쩌자고 환장한 하초說. 미루나무 빗자루 들고 돌아오리 돌아오리 그늘을 쓸던 마당쇠의 뻥 뚫린 가슴팍으로 앙증도 맞고 소박도 맞은 아씨가 오리說. 피박 광박 밑천 탈탈 털린 사내가 마지막 끗발을 몽땅 걸었을 때 걸려든 패, 앗싸 가보說. 먹지도 뱉지도 울지도 웃지도 홍어 대신, 홍어는 아닌데 홍어 같은 앗싸 가오리說까지…… 두루두루 지식을 섭렵한 사내가 앗싸 가오리 허방다리 아래 쭈그리고 앉아 꾸덕꾸덕 마른 아내의 문자를 동살에 비춰 본다. "꼴에 외박까지" 아 날개 없는 새 싸대기가 오리 설설 길 일만 남았구나

때늦은 반성이나 챙겨 부리나케 가오리

# 나랏말싸미
-거시기


때마침
거시기가 자시고 싶다 해서

　폭폭해 죽고 잡다는 옆지기 폭 찌르고 서른 과부 장모랑 간 영산포 홍어 골목, 다 달라고 재우친 거시기가 하필 없어 도장밥 잔뜩 묻은 석양 좋은 이 층에서 뱃길 끊긴 내륙 등대 남의 일 아니라며 코 썰고 애 끓이고 기미 보며 모셨건만

됐당께
좆 아니랑께
잡숴봐서 안다고

# 자유로

도로 한복판에 개가 널브러져 있다

 제집인 양 한가하고 편안해 보인다 그 곤한 잠 깨울 수 없어 바퀴들도 멈칫, 개를 밟는다 개가 놀라 두리번거린다 복날에 복 터졌다고 헛발질한다 이제 막 일어난 몸짓 같다 아직 꿈이 남은 몸짓 같기도 하다 그러나 소리는 이미 떠났으므로……. 응달을 벗어난 개가 또 뙤약으로 뛰어든다 숨 쉴 틈 없는 속도는 어김없이 개를 덮칠 뻔하였으나, 사람이 아니고 개라서 "야 이 개새끼야" 하지 않고 가던 길마저 간다 운수납작을 피한 개도 마찬가지여서 개조심 맛집이 여러 곳 있다 쇠줄이 배바지 살을 공들여 보호한다 철창이 거시기 살을 애지중지 보살핀다 개는 죽음의 반경 안에서 자유롭게 활보한다 제 세상 만난 것처럼 유별나게 짖어대는 개를 지목한다 한 움큼의 사료를 던져주니까 개도 나를 지목하여

 꼬리를 흔들어 준다, 그 무슨 예약처럼

## 윤석호 시인

2014년 부산일보 신춘문예 당선.
미국거주.
시집 『4인칭에 관하여』.

# 출렁거리는 문

  길을 간다 가로수 펄럭이고 문이 도열한 길을 간다 신호등이 막아서면, 전화기를 열고 길을 만들며 간다

  열려 있는 문들을 지나 초인종을 누르면 반갑게 열리는 문들을 지나 열쇠 말고는 누구도 믿지 못하는 문의 안쪽은 쓸쓸하다 좁은 길에 거대한 문을 주차해 놓고도 무수한 문을 허공에 또 매달고 있다 문이 빠르게 증식하자 사람들은 길을 가다 자주 문에 빠진다

  길 위에서 서성거리던 날, 들고 있던 꽃다발이 담쟁이처럼 뻗어 사방의 벽을 다 가리도록 열리지 않던 그녀의 문, 그녀조차 몰랐던 자신 속의 문을 힘겹게 열어주던 그녀는 나조차 몰랐던 내 속의 문 앞에서 뒤돌아섰다

  길은 문으로 시작해서 문으로 끝난다 열려고 하면 갑자기 완강해지는 문, 문이 다 열리기도 전에 길은 익숙하게 안으로 흘러 들어가 또 다른 문 앞에서 다시 출렁거리고 문 안쪽에서 찾고 싶었던 것들은 어느새 다음 문의 안으로 옮겨가 있다 내가 찾고 싶었던 그녀는 늘 문 안쪽에 있었고 그녀도 내가 열어준 문보다 숨기고 싶은 문에 집착했다 길이 문의 이유이듯 문도 길의 습관이지만 쉽게 상대에게 길들지 않는다

  나는 늘 문 앞에서 망설인다

## 떨고 있을 때

　사직을 권고 받고 그는 의자에 앉아 다리를 떨었다 한기가 들면 속에 것 아무거나 불을 붙이고 아무 데서나 떨림을 피워 올렸다 술자리에서도 그는 떨었다 테이블이 떨렸고 술잔이 떨렸고 합석한 사람들도 함께 떨었다 '더 태울 게 없어 한동안 동면해야 할 것 같아' 그가 달그락거리며 귀가한다

　'더는 음을 조절할 수 없어요' 조율사가 영수증을 내밀었다 영수증과 함께 백 년도 넘은 피아노를 토막 내 쓰레기통에 버린다 내부는 음표 대신 쉼표가 가득하다 손가락질당한 건반과 밟힌 페달은 어쩔 수 없지만 속은 아직 희고 탱탱하다 강철 프레임이 백 년의 떨림에 시달리며 포자를 피워 올리고 있다

　전화기 속 음성이 떨린다 목소리가 뒤집어지며 가성의 영역을 들락거린다 '전주만 들어도 가슴 뛰는 노래가 있잖아요 어떻게 하겠어요 그동안 사랑하는 사람이 생겼는데'

　유리그릇에 랩을 씌우고 팽팽하게 잡아당긴다 금방 북이 된다 팽팽하면 음이 높아지고 유쾌해진다 엄마는 요즘 유쾌하다 랩이 느슨해진 그릇 속 과일은 쉽게 녹이 슨다 나는 녹슬었다 엄마의 새 애인은 꼭 사위 같다 나는 떨며 장인이 된다

## 울음 속에는 강이 있다

울음 속에는 강이 있다
복받치는 것들이 물살을 만들고
상처를 따라 흘러내린다

밤새 흐느끼던 어머니
아버지는 취해 잠들었고
어린 나는 캄캄한 강물 위에서 표류했다
새벽이 되어서야 울음은 하류에 다다랐다
잔잔했고 깊었고 퍼렇게 멍들어 있었다
나는 한없이 가라앉으며 잠들었다

어머니를 잃고
아버지는 강물 소리를 내며 울었다
울음은 금세 하류에 닿았다
여자인 어머니를 모르는 나는
아버지의 울음소리를 흉내 낼 수 없었다
하류에 도착하고서야 아버지는
기다리던 사람이 있었다는 것을 기억해 냈다

아버지는 자주 하류를 서성거렸다

어머니의 강,
그 복잡한 지류를 하나하나 거슬러 올라
몇 번이고 흠뻑 젖은 채 떠내려왔다
그새 강은 아버지의 강이 되었다

아버지는 이제 바다만 바라본다
숨죽이며 하류를 벗어난 강물은
멀리 가지도 못한 채
몸을 흔들어 물결을 만들고
손을 내밀듯 뭍으로 밀려오고 있다

## 조경희 시인

2007년 《시사사》 등단.
시마을동인.
시집 『푸른 눈썹의 서(書)』.

giftneo@hanmail.net

## Y의 하루

재봉틀 돌아가는 소리 귓전에 파도친다
작업일지를 펼쳐 제작할 원피스를 확인한다
밝은 형광등 아래 재단판은 런웨이처럼 길게 뻗어 있다
원단을 재단판에 들어 올리는 순간
돌돌 말려있던 파도 차르르 풀려 나온다
이내 재단판 위에서 넘실거린다
가끔 직조된 원단의 올이 풀려 파문이 일었지만
바다는 대체적으로 잔잔하다
그의 가슴 속에도 알 수 없는 깊이의 파고가 일기도 했지만
아직 풀지 못한 생의 원단을 곧게 풀어내야 한다
나라시가 끝나면 패턴을 원단 위에 올리고
선(線)을 타야한다
경직된 바다가 크게 심호흡한다
소매선을 타던 그의 손이
바다의 행간을 읽으며 아슬히 목선을 탄다
자칫 선을 이탈했다간 모든 일이 수포로 돌아갔으므로
긴장의 끈을 놓지 않는다
앞판, 뒤판, 소매, 시보리…
재단된 조각들을 부위별로 잇대어 미싱사는 원피스를 완성하리
바람이 불었는지 먼지가 부유한다

저물녘 파도소리 잦아들고
지친 눈꺼풀이 무겁게 내려앉는다
창문 너머 달빛을 타고 내려온 누군가 물빛 원피스를 입고
런웨이를 걸으며 포즈를 취한다
달님은 줌인
먼 바다를 헤엄쳐 온 익명의 지느러미들이 원피스를 클릭한다.

## 감꽃 필 무렵

대문 앞 늙은 감나무가 손을 내민다
관절염을 앓는 다리가 휘어 있다
스님의 불경(佛經) 외는 소리 흘러나오는
방 안 향불이 피어오른다
돌아가신 지 사십구일 되는 날
빈자리에 평소 즐겨 입던 옷 가지런히 개어 둔다
이윽고 백색 치마저고리를 차려입은 보살이
어머니를 호명한다
아직 저승으로 가지 못하고
중음계(中陰界)에 머물러 있는 넋을 달랜다
그녀의 구슬픈 목소리에 젖은 행간엔
비가 내린다
재(齋)가 끝날 즈음
어느 먼 바람의 기척을 느꼈는지
감나무 이파리들이 수런거린다
생전 감나무를 아끼던 어머니는 감꽃으로 필까
자유로운 새가 되어 날아올까
망자(亡子)는 사십구일 째 되는 날
명부시왕 중 일곱 대왕들에게 최종심판을 받는다는데
나는 어머니 전에 절하며

이승의 모든 시름과 고통 훌훌 벗어던지고
좋은 세상으로 건너가길 두 손 모아 빌었다
감나무엔 새들이 날아와 노래하고
연둣빛 잎새 사이 꽃망울이 맺혔다

# 발

길은 가로누운 채 가만히 들여다본다
퉁퉁 부어있다
손으로 건드리면 터질 듯한
발은, 유년의 꽃길을 걷던
발은, 패기와 열정에 꿈을 좇던
발은, 어두운 그림자에 짓밟히기도 했던
발은, 좌절하지 않고 뚝심 있게 걸어온
발은, 바닥에 못이 박인
발은, 굽이굽이 여든다섯 생의 족적을 남긴
발은, 노구(老軀)를 누인 채 잠시 쉼표를 찍고 있는
발은, 어디론가 날아갈 듯 부푼
발은, 위태로운 아버지의
발은,

## 박미숙 시인

2003년 《문학세계》로 등단.
시마을동인.
시집 『사랑을 곁에 두고』.
공저 『꽃재사람들』.
동인지 『공감』 외 다수.

nasayoun@hanmail.net

## 한여름 낮의 꿈

내리는 햇살 버겁다는 듯
마당 한쪽에 길게 늘어진 백구의 이마 위로
흰 눈이 펑펑 내리고

매미소리 요란한 나뭇가지에는 상고대

땡볕 종일 두드리는 양철지붕 아래에
고드름이 열리는 꿈

때로는 순간을 다른 순간이 덮어주는 꿈

그런 꿈,

## 종일 죽은 새의 울음이 따라 다녔다

골목길을 나서다가 낯선 풍경에 발목이 잡힌다
바쯤 허리가 꺾인 나무들
떨어져 나간 입간판들
어젯밤 폭우에 나약한 것들만 모두 피폐해졌다
아무도 지켜주지 못했나
보도블록 위에 널브러진 참새들의 주검이 안쓰럽다
둥지가 있어도 안전 할 수 없는 세상에
너희들은 살고 있었구나
시간을 채근하는 출근 길
사람들은 갈 길이 바쁘다며 시선을 돌리지만
자꾸만 눈길이 간다
누워있는 무리 중의 하나와 눈이 마주쳤다
바라 볼 염치가 없는 나는 고개를 돌리고 그냥 걷는다
새벽을 깨우는 미화원들의 손길조차 다녀가지 못한
사람들의 거리 옆으로 자동차는 경적을 울리며
쌩쌩 지나고
인도와 차도 그 사이에서 목숨 부지한
살집 통통한 회색 비둘기 몇 마리
누워있는 그들을 힐끔거린다

종일 죽은 새의 울음이 따라 다녔다

## 꼼장어 집에서

이것저것 섞어댄 것은 이도저도 아니라 싫단다
이슬 같아서 순수한 것이 좋다며
늘 오리지널만을 찾는 여자는
오늘 하루 꽤나 고단했던지 거나한 취기를 걸머지고서
꼭 그만큼의 무게를 걸머진 사람들과
꼬물탁꼬물탁 지글지글
맛과 소리의 향연이 펼쳐지는 곳으로 걸음을 돌려
갑론을박 결론 없는 삼류 세상살이 처세술을 논한다

여자의 얼굴만큼이나 벌겋게 달아오른 숯불에
놀란 꼼장어들이 화들짝 대고
길어지는 열변에 지쳐
참을 수 없는 몸부림으로 타닥대는 외침
이미 작아져버린 꼼장어가 항변을 한다
"생의 이 뜨거운 맛을 당신은 아느냐"고

# 이명윤 시인

1968년 경남 통영 출생.
2006년 전태일문학상.
2007년 《시안》으로 등단.
시집 『수화기 속의 여자』 『수제비 먹으러 가자는 말』,
『이것은 농담에 가깝습니다』

dalsunee@korea.kr

## 어머니 은혜

　삼십구 년 전 아버지 보낸 후 한 번도 그냥 지나친 적 없는 엄마가 하나밖에 없는 아들 오십 네 번째 생일을 까맣게 잊은 이유가 궁금해 며칠 뒤 찾아와 저녁 식탁에 앉았는데, 그래도 엄마가 끓여 준 된장국만 한 게 없지, 숟가락을 든 채 툭툭 생각을 굴리고 툭툭 입맛을 굴리고 있었는데,

　도무지 기별이 없어 가보니 이것저것 챙기느라 한창 정신없어야 할 엄마가 거실 TV 화면 속 젊은 남자 가수에게서 그렁그렁 눈을 떼지 못하고 정지된 채 기둥처럼 서 있는 것이었다
　그것은 실로 눈물이 핑 돌도록 므훗한 역사적 사건이었으니, 마침내

　높고 높은 하늘에서
　엄마가 내려왔다

## 사람이 사람에게 꽃이 되는 삶

시청 남자 화장실 소변기 앞에
어느 복지관에서 붙여 놓은 스티커가 있었다

'사람이 사람에게 꽃이 되는 삶'
볼일을 볼 때마다 나는 그 문구를 읽으며
꽃이 아닌 다른 말을 떠 올려 보곤 했다

날마다 그 자리에 있는 나무는 어떨까
편히 쉴 수 있는 의자도 근사하고
부를수록 즐거워지는 노래면 더 좋겠다

그렇게 매일 다른 정의를 내리며
나는 은밀하게 꽃을 꺾고 있었다

꽃은 너무 쉽게 피고 지고
꽃은 거짓말 같고
꽃은 꿈같으니까

그날 추모제에서
오래된 사진을 안고 우는

엄마의 눈을 보며 알았다

가장 아름다운 순간에
가장 쓸쓸히 떠나보낸 꽃,
사람이 사람에게 꽃이 된다는 것이
얼마나 슬프고 힘든 일인지

그 먼 길을 다시 걸어와
눈앞에 피어있는 꽃을 보며 알았다

# 임성용

입담 좋은 그가 어느 날 페북에서 사라지면
필시, 그가 세운 하늘공장에 간 날
지상으로 돌아오는 길은 멀고도 험하여
달포쯤 지나야 다시
초췌한 몰골의 그를 볼 수 있었다

밥은 먹고 다니냐 잡놈아
그를 뼛속까지 사랑하는 용만 형의 핀잔에도
넙죽넙죽 우스갯소리로 장단 맞추는
해학과 과격을 겸비한 노동자 시인,
그는 현장의 맨 꼭대기층 옥탑방에 산다

내로라하는 문단의 인사는 말할 것 없고
내가 좋아하는 대통령도 잘근잘근 씹기 일쑤라
한때 페친을 끊을까 궁리도 하였지만
그럴 때마다 자꾸 흑백사진처럼
그의 아름다운 공장이 아른거린다

구름도 새들도 모두 내려와 지금쯤
텅 비어있을 하늘은
사람 살만한 곳 못될 터인데

그곳에서 그는 대체 무슨 일을 할까

하늘공장 가는 길이 궁금해
검색을 해보지만 지도에 없다
하늘은 한없이 높고 먼 곳,
고공농성을 하는 노동자만 하늘에 좀 더 가까이 있다

세태에 가끔 그의 눈알이 돌고 혀가 꼬이지만
이젠 숙달이 되어 어쩌면
하늘의 언어를 이해할 것도 같다

세상이 몇 번 바뀌어도 그의 트럭은
여전히 하늘로 달려간다
저 높은 곳에 우뚝
외롭게 서 있을, 그리운 하늘공장

'저 펄럭이는 것들, 나뒹구는 것들, 피 흐르는 것들
하늘공장에서는 구름다리 위에 무지개로 필 것이다'*

* 임성용의 시 '하늘공장' 중에서

## 양현근 시인

1998년 《창조문학》으로 등단.
2009년 《시선》특별발굴시인으로 선정.
2011년 서울문화재단 창작기금 수혜.
2024년 《시선 문학상》대상 수상.
시집: 『수채화로 사는 날』, 『안부가 그리운 날』,
『길은 그리운 쪽으로 눕는다』, 『기다림 근처』
『산벚나무가 있던 자리』, 『별을 긷다』 등.

# 똥

멀뚱멀뚱 앉아만 있지 말고
그렇게 할 일 없으면 멸치똥이나 다듬으라고
이제 밥값 좀 하시라고
먼 바다를 유영하다 온 한 생애를
부드러운 속살 그 안쪽을
아내는 간단하게 똥으로 요약한다
저 놀라운 시적 압축이라니

멸치똥
말랑말랑한 손톱으로 대가리를 떼내고
내장을 분리해내는 아내의 손길이 잽싸다
똥 없는 내장이 어디 있겠냐고
따지고 보면 똥 없는 목숨이 어디 있겠냐고
혼자 중얼거리는 사이

똥전뉴스 시간이란다
어느새 멸치똥만도 못한 뉴스들이 거실에 흥건하다

## 웬수

하릴없이 뒹굴 거리는 일요일 오후
칼국수나 끓여 먹자고
슈퍼에 가서 한 묶음 사오란다
슬리퍼 찍찍 끌고 동네 슈퍼에 가서 사다주었더니

아이고 이 웬수야,
칼국수가 아니고 메밀국수란다
아직도 면발을 구분 못하느냐고
사무실에서 일은 어떻게 하는 거냐고

언제부터였을까
집에서 주변머리 없는 사내로 불리기 시작한 것은
면발도 구분 못하면서
금융이 어떻고 나라 경제가 어떻고 했던 것일까

고요하거나 멀미의 한 때이거나
더운 기억들이여, 이제는 안녕
이제 황홀 그 너머를 이해하는 시간
웬수가 면발이나마 제대로 공부하는 시간

# 빨래

일요일 아침 눈뜨자마자
집안 청소와 빨래
꼼짝없이 아내의 자기장에 갇힌다

세탁기에서 갓 낚아 올린 싱싱한 옷감들이
몽롱한 휴일의 멱살을 잡고 있다

젖은 세상을 헤집고 다녔을 양말 몇 쌍과
칙칙한 와이셔츠의 빛바랜 여백과
아무리 군기를 잡아도 흐물흐물한 런닝셔츠 몇 장과 함께
우물쭈물 빨랫줄에 같이 널리고 있다

하 참, 돈도 빽도 없는 당신 그리고 때로 아버지
아무리 힘주어 엄숙한 척 해보아도
사람 되려면 아직 멀었다고
오늘은 날씨가 좋아 당신도 바짝 잘 마를 거라고

# 시 번역 및 감상

시 번역 _ 장승규

시 감상 _ 김부회

## 장승규 시인

필명: 장남제.
경남 사천 출생.
한국외국어대학 영어과 졸업.
2003년《문학세계》로 등단.
현재: 남아공 요하네스버그 거주.
Supex Ltd 대표.
K장학재단(ww.kscholarship.com/kr/) 이사장.
시마을(www.feelpoem.com) 동인.
시집 『당신이 그리운 날은』(2003), 『민들레 유산』(2018), 『희망봉에서 그대에게』(2020) 등.

supexsam@hanmail.net / kscholar@supexgroup.com

# My Heart Leaps Up / William Wordsworth

My Heart leaps up when I behold
A rainbow in the sky:
So was it when my life began;
So is it now I am a man;
So be it when I shall grow old,
Or let me die!

The Child is father of the Man;
And I could wish my days to be
Bound each to each by natural piety.


# 내 가슴은 설렌다 / 윌리엄 워드워즈

내 가슴은 설렌다
하늘에 무지개를 보노라면:
내 생이 시작될 때 그러했고
어른이 된 지금이 그러하니
내 늙어서도 그러하리라
아니면, 나 죽어도 좋으리!

아이는 어른의 아비이다
그러니 나의 날들은
자연의 경이로 나날이 이어져 있기를

**감상글**

**왜 사는지?**

오늘 하루 더 산다는 것, 무엇을 위함인가요?

이 시인은 가슴 설레이는 일이 있어 산다고 합니다.
지금처럼 무지개를 보며 가슴 설레던 지난날들
늙어서도 역시 그러리라 확신합니다.
심지어, "아니면, 죽어도 좋으리" 라고 합니다.


**The Child is father of the Man;**
나는 이 부분에서
아이는 어른의 아버지라니?
일반적으로 적용되는 이야기가 아니다.

a child가 아니고, 왜 the child일까?
a man이 아니고, 왜 the man일까?
Child에 C가 소문자가 아니고, 왜 대문자일까?
Man에 M이 소문자가 아니고, 왜 대문자일까?
 The Child는 다른 아이가 아니라, 3행에서 "생을 시작하던 어린 나"
이고,

The Man은 다른 남자가 아니라, 4행에서 "무지개를 보고 지금 가슴 설레는 어른인 나"이다.

다시 말해서, The Child나 The Man은 같은 사람이며, 그 설레는 느낌은 살면서 지속되니까

가슴 설렌 경험의 시점 차이에서 보면

The Child가 The Man을 한 세대 앞선다는 말이다.

그래서, 그 아이는 그 어른의 아비인 것이다.

즉, 그 가슴 설레는 버릇은 아이가 먼저인 것이고,

'세 살 버릇 여든 간다'는 말이다.

아이 때부터 그랬으니,

늙어서도 쭈욱 그랬으면 하는 것이다.

(2022.10.25 요하네스버그 서재에서)

## 登岳陽樓 / 杜甫

昔聞洞庭水　今上岳陽樓
吳楚東南坼　乾坤日夜浮
親朋無一字　老病有孤舟
戎馬關山北　憑軒涕泗流


## 악양루에 올라 / 두보

예부터 동정호는 들어왔으나, 이제사 악양루에 오르니
오초나라는 동남으로 탁 트여있고, 천지는 밤낮으로 물에 어려있네
벗들은 일자무소식이고, 병든 늙은이는 외로이 배로 떠도는데
오랑캐는 고향에 진을 쳤으니, 악양루 난간에 기대어 코눈물 흘리네

**감상글**

이 시의 형식은 오언율시이다

두보는 안록산의 난을 피해
고향인 장안을 떠나, 사천성 성도로 피난을 갔다가
다시 돌아오지 못하고
동정호 악양루에 올랐다가 그 후에 세상을 떠났다고 한다

시인은 이날
예부터 들어오던 악양루에 올랐을 것이다

올라보니,
동정호가 하도 넓어서, 천지에 물뿐이라
하늘과 땅이 모두 밤낮으로 물에 잠겨있고
동쪽으로는 옛 오나라 땅이고, 남으로는 옛 초나라 땅인데, 내 고향은 어느 쪽인가?

아무도 고향 소식을 전해주는 이 없고
늙어 병든 몸으로 외로운 배처럼 떠도는 신세인데
융족의 병마는 아직 고향산 북쪽에 진을 치고 있으니, 고향에 돌아갈 수도 없어
악양루 난간에 기대어 눈물콧물 흘리고 있누나
그래도, 나는

고향 소식을 전해주는 친구들이 있어
타국에서 섬처럼 살면서도
마음에 계절은 늘 고국의 계절 따라 산다.
얼마나 다행한가?


* 융족: 중원의 서쪽지방 오랑캐.
* 융마: 오랑캐 융족의 병마
* 吳楚: 오나라 촉나라
　昔 예 석,　圻 터질 탁,　戎 병장기/오랑캐 융,　憑 기댈 빙,　涕泗 눈물 체 콧물 사


(잠실에서 2023.4.16)

## 김부회 시인

문예바다 편집주간.
모던포엠 편집위원.
도서출판 사색의 정원 편집주간.
〈김포신문〉 시 전문 해설위원.
중봉문학상 대상.
문학세계 문학상 평론부문 대상 외 다수.
시집: 『시, 닿지 않은 소리』, 『러시안룰렛』.
평론집: 『시는 물이다』.

## 정류장

**정두섭**

오금에서 오는 건지 더 멀리서 오는 건지
가산으로 가는 건지 더 먼 데 가는 건지

들렀다 가마 했는데, 빈 우산만
활짝 웃고

너무 이른 것만 같고 이미 늦은 것만 같고
오금이나 가산에서 기다리는 것만 같고

소나기, 거의 다 온 것만 같고
다시 올 것만 같고


(정두섭시집 『마릴린 목련』 25쪽)

**시감상**

  사람을 태우거나 내리기 위한 잠시 멈추는 장소를 정류장이라고 한다. 종점까지 가기 위한, 혹은 다음 정류장까지 가기 위한 장소. 문득 우리가 사는 삶의 지금 이 지점이 정류장인지 종점인지 다음 정류장까지 가기 위한 잠시 멈춤인지 궁금해진다. 정두섭 시인의 작품은 해답이 없다. 결론을 내리지 않는 것이 특기다. 애초부터 결론이 없는 것인지, 알아서 결론을 내라는 것인지 알 수 없지만 특유의 해학 속에 숨긴 삶의 사변화된 모습과 군상이 때론 나와 같아서 곤궁해진다. 다 온 것만 같은데, 다시 올 것만 같은 것이 어쩌면 인생 아닐까 싶다. 불안과 기대, 양면을 가진 동전을 던지며 하루를 보낸다. (글/ 김부회 시인, 문학평론가)

# 섬 속의 섬

**허영숙**

배수가 안 된 옥상에 빗물 호수가 생겨났다
호수에 사각형의 하늘이 잠겨있다
그 위로 구름이 흘러가고
한 무리의 새떼들이 흩어지지 않고 지나간다
호수는 섬 하나 품고 있었다
절룩거리는 다리를 가진 낡은 의자
구부러진 안테나가 있는 구형 텔레비전
무엇인가 길렀던 흔적이 남은 스티로폼 흙 상자들
끈끈한 지문이 닿아 폐기물 딱지 한 장에
손 흔들고 보낼 수 없는 것들은 모두 옥상으로 간다
옥상은 낡은 것들이 모여 있는 또 다른 섬
호수 한 중앙에서 물그림자로 펄럭이고 있는
맞은편 치매병원 게양대에 걸린 국기를 본다
소견서 한 장을 내밀고
늙은 노모를 고독한 호수에 유배시키고 돌아오는
-어머니 낡았으니 이제 여기에 두고 갈게요-
불편한 뒷모습을 서투르게 정돈하는
한 사내의 모습도 보인다

**시 감상**

어쩌면 우리들은 모두 마음속에 섬 하나 키우며 사는지도 모른다. 그 섬에 내가 유배시킨 것은 저만치 떠밀어놓고 싶은 것들, 이를테면 미련, 애증, 책임, 의무, 가장, 내다 버리지 못하고 떠안고 있는 낡은 것들, 기일 지난 공과금 영수증, 그리고 지난여름에게 할퀸 상처 등등이다. 물 한 접시 떠서 가만히 들여다보자. 내가 있다. 물속에. 거기가 섬이다. 가을이 점점 깊어간다. 이 가을에 어쩌면 섬 하나 더 들여놓을 것 같다. 기존의 섬은 포화상태다. [글/ 김부회 시인, 평론가]

# 시 평론

**김부회**

(평론가)

## 김부회 평론가

문예바다 편집주간.
모던포엠 편집위원.
도서출판 사색의 정원 편집주간.
〈김포신문〉 시 전문 해설위원.
중봉문학상 대상.
문학세계 문학상 평론부문 대상 외 다수.
시집:『시, 답지 않은 소리』,『러시안룰렛』.
평론집:『시는 물이다』.

# 아포리즘이 더 필요한 시대

**김부회**(평론가)

 시를 포함하여 모든 글, 또는 문장에는 아포리즘이 있다. 아포리즘은 작가 자신의 체험을 바탕으로 한 내면적 세계관과 더불어 각성이나 성찰의 화두를 간결하게 표현한 글이라고 정의해도 어색하지 않을 것이다. 포털 다음 백과사전에 등재된 아포리즘에 대한 정의를 인용해 본다.

 삶의 교훈 등을 간결하게 표현한 글. 대개 문장이 단정적이고 내용이 체험적이며 그 표현은 개성적이고 독창적이다. 속담이나 격언 등과 유사하나 그것들이 널리 알려져 있으면서도 작자가 분명하지 않은 데 비해 아포리즘은 작자의 고유한 창작이라는 점에서 속담과 구별된다. 광고에서도 아포리즘 표현을 응용하는 것을 볼 수 있는데 사회의 가치나 규범 혹은 인간의 덕목 등을 독특하게 제시하면서 상품을 우회적으로 소구하는 식이다. 대표적으로 "가슴이 따뜻한 사람과 만나고 싶다" (동서식품 맥심, 1989)를 들 수 있다. -「다음 백과사전」 인용

 일종의 속담이나 격언, 명언 같은 것이라고 볼 수 있을 것이다. 아포리즘이라는 용어는 익히 알고 있는 히포크라테스의 [아포리즘 Aphorism]에서 처음 사용된 것으로 알려져 있다. 현대에서는 격언 정

도로 이해하면 좋을 듯하다. 시 작품에서 아포리즘이 없는 시는 없을 것이다. 화자가 체득한 삶의 한 단면 내지는 어느 부분에서 성찰하게 된 심득을 시라는 형태를 빌어 공감의 메시지를 던지는 알맹이 없는 시는 없기 때문이다. 거시적인 관점에서 시 속의 아포리즘은 과거에서 현재로 이어진 생각과 관찰의 산물이며 단순한 감정의 이입이나 발산의 결과물은 아니라는 것이 시를 정확히 보는 포인트라고 할 수 있을 것이다. 다만, 글제를 아포리즘이 필요한 시대라고 발제한 것은 좀 더 다양하고 더 많이 성숙한 아포리즘이 필요한 시대라는 점을 명확하게 정의하고 싶기 때문이다. 섣부른 아포리즘은 성숙이라는 단어를 사용하기 많이 부족할 것이며 그 부족의 한계는 공감을 이끌어 내기 어려운 태생적 한계를 갖고 있는 것이다. 아포리즘에 관한 몇 시인의 생각을 인용해 본다.

> 시는 언어예술이기에 시인은 말을 잘 부릴 줄 알아야 한다. 또한 시는 진실을 추구해야 한다. 이른바 진정성을 확보해야 하는 것이다. 시는 새로워야 한다. 형식이든 내용이든 참신해야 한다. 그래서 기존의 시와는 다른 목소리와 모습을 지녀야 한다. 그런 것들이 또 다른 시와의 변별성이며 개성이다. 그러기 위해서 시인이 되고자 하는 자는 끊임없이 새로운 언어의 모험을 해야 한다. 그 결과 얻어지는 것이 시의 독창성이며, 시의 진실이며, 시의 감동이며, 시의 진정한 모습으로 시를 시답게 하는 것이다.
> -「제13회 〈시와 사람〉 신인상 심사평 중에서 / 강인한」

요즘 읽는 시들 중 많은 것은, 비록 말장난의 시라도 말할 수 없는 것까지도, 표현이라는 개념도, 대화라는 개념도 없다. 중언부언 도대체 요령부득인, 그래서 안이하고 탄력 없는 시가 새로움이란 가면을 쓰고 난무한다.

- 「신경림, 시집〈뿔〉에 실은 '시인이란 무엇인가' 중에서」

시를 쓰는 것은 일종의 창조행위다. 따라서 시를 구성하는 데 다른 사람들이 한번은 써먹었음직한 상식적 언술의 사용은 피하는 것이 좋다. 작품 중에는 산문체시를 즐겨 사용하는 경우도 있는데, 이것이 유행처럼 관례화되어 시의 긴장감과 응축성은 고려하지 않은 채 무작정 행 구분을 하지 않고 산문시 스타일로 이어가는 것은 병폐라 아니할 수 없다. 형식의 절제가 필요하다. 긴 시행은 반으로 줄이고 시행의 수도 삼분의 이로 줄여보라. 시는 서정이지 서사가 아니라는 점을 명심하고 시상의 포인트를 중심으로 잔가지를 쳐내는 훈련을 해야 한다. 〈-있었다〉라든가 〈-했네〉등의 과거형 어사를 남발하는 것도 시의 긴장감을 떨어뜨린다.

- 「이숭원 시인」

위에 인용한 주장과 아포리즘에 상관관계에 대하여 갸우뚱하는 독자도 있을 것이다. 하지만 현대 시의 일부분은 정확한 아포리즘을 구현하는 방법적 문제가 적지 않음을 알 수 있다. 아포리즘은 간결하게 표현한 문장이라는 서두의 말을 다시 한번 상기할 필요가 있다. 필자의 관점에서 볼 때, 문장은 문장이기 이전에 시인 자신의 철학과 사상, 이념, 각성이 필요하다고 생각하며, 그것이 정확히 발현될 때 문장은 문장 이상의 가치를 갖게 된다고 생각한다. 시 한 편에 너무 많은 비유는 본질을 흐리게 하며, 시 한 편에 너무 많은 아포리즘은 시를 횡설수설하게 만든다. 요체는 시인 자신의 말에 대한 본질을 망각하거나 주제가 실종하는 경우가 발생할 수 있다는 점이다. 너무 많은 것을 담고자 하면 너무 많다는 점이 시를 독자에게서 멀어지게 할 경향이 짙다는 점이다. 문장이 길고 복잡한 복선을 깔고 있다는 것을 지적하고자 하는 것이 아니라 무엇을 담고 있는가를 지적하고 싶은 것이다. 생각은 깊을수록 좋고 표현은 간결할수록 좋다. 좀 더 강한 메시지를 위하여 좀 더 많은 생각을 해야 하며 그 생각의 깊이를 아포리즘이라고 필자는 말하고 싶은 것이다. 단순하게 아포리즘을 격언, 명언, 잠언이라는 등식으로 해석하는 것보다는 시인의 성찰이라고 표현하면 좋을 듯하다. 시는 대상물에 대하여 끊임없는 관찰과 해부를 통한 시인만의 독특한 해석이 필요하다. 독특한 해석은 체험적이고 경험적이며 공부에서 비롯된 것이라야 제 맛을 낼 수 있다. 체험을 벗어나 너무 사변적인 옷을 덧입힌 시는 인위적인 냄새를 지울 수 없다. 인위적이라는 말은 감동과 거리가 제법 멀다. 물론 문장이라는 것 자체가 거시적으로 볼 때 인위의 한계를 태생적으로 갖고 있다는 점도 부인할 수 없다. 하지만 최대한 인위를 지우고 그 자리에 시인의 감성과 사유의 깊이를 보태야 시적 생명력을 좀 더 갖게 된다는 것을 말하고 싶다. 위 인용한 이승원 시인의 말처럼 시상의 포인트를 중심으로 잔가지를 쳐내는 훈련이 필요할 것이며 그것은 문장 이전에 생각이나 사고에 대한 부분이 선행되어야 한다는 점이며 그것이 좀 더 필요한 시대가 작금의 현대 시에 아포리즘이 필요한 이유가 될 수 있을 것이다. 시인의 고유한 언술 방식이라는 말을 자주 한다. 고유한 언술 방식은 표현적인 부분과 사유적인 부분의 두 가지로 해석 할 수 있다. 생각의 방식조차

고유한 로직이 없다면 표현적인 부분에서도 같은 형태의 실수를 되풀이하게 되는 것이다. 시는 방정식이 아니며 수학 공식이 아니다. 모두 같은 형태의 정답만을 요구하게 되면 시인이 많을 필요가 없을 것이며. 시 역시 많은 종류의 시가 필요 없을 것이다. 시인이 많은 시대다. 통계에 의하면 약 삼만여 명의 시인이 있다고 한다. 그중에서 자신만의 제대로 된 아포리즘을 구현하는 시인의 수는 과연 얼마나 될지?

아버지, 어머니라는 단어 한 줄에 그분들의 삶을 아프게 체험하고 고뇌하고 이해하며 토해내는 그리움의 깊이는 모두 다를 것이다. 아픔을 공감하고 아픔을 체험하고 아픔을 깊숙이 고민하고 아버지, 어머니를 쓸 때 같은 단어이지만 구조적인 시대의 아픔을. 아버지, 어머니의 아픔을 시인 자신의 아포리즘이라는 그릇에 담을 때 비로소 시는 완성된 작품이 될 것이다. 시는 깊어야 한다. 끝이 보이지 않는 우물이어야 한다. 우물은 하늘을 비추고 있을 뿐, 하늘을 담고 있지는 않다. 시인 자신이 우물이 되어야 하늘의 깊이와 풍경을 제 가슴에 담아야 시의 진정성을 획득하게 되듯, 문장 속엔 문장 이전의 깊이를 측량하는 공부가 필요한 법이다.

시 세 편을 선정하여 같이 감상해 본다. 첫 번째 작품은 권상진 시인의 [접는다는 것]이다.

**접는다는 것** / 권상진

읽던 책을 쉬어 갈 때

페이지를 반듯하게 접는 버릇이 있다
접혀진 자국이 경계같이 선명하다

한 때 우리 사이를 접으려 한 적이 있다
사선처럼 짧게 만났다가 이내 멀어질 때
국경을 정하듯 감정의 계면에서 선을 그었다
골이 생긴다는 건 또 이런 것일까

잠시 접어두라는 말은
접어서 경계를 만드는 게 아니라
서로에게 포개지라는 말인 줄을
읽던 책을 접으면서 알았다

나를 접었어야 옳았다
이미 읽은 너의 줄거리를 다시 들추는 일보다
아직 말하지 못한 내 뒷장을 슬쩍 보여주는 일
실마리는 언제나 내 몫이었던 거다

접었던 책장을 펴면서 생각해 본다
다시 펼친 기억들이 그때와 다르다
같은 대본을 쥐고서 우리는
어째서 다른 줄거리를 가지게 되었을까

어제는 맞고 오늘은 틀리는 진실들이

우리의 페이지 속에는 가득하다

*홍상수 감독의 영화 '지금은 맞고 그때는 틀리다'를 변용

　책을 읽으며 중간중간 읽은 부분을 접게 마련이다. 물론 책장이 접히지 않도록 무언가를 붙이는 사람도 많지만, 대개 귀퉁이 한 부분을 접게 마련이다. 시인은 그 접는 행위에서 성찰을 하였다. 접힌 부분을 경계하고 생각했다. 그 경계는 너와 나, 우리 사이의 연속성에서 잠시 쉬어가는 부분이기도 하고, 삶이라는 정해진 종말을 향해 가는 우리 인생의 어느 부분과 부분의 경계이기도 할 것이다.

　　　한때 우리 사이를 접으려 한 적이 있다
　　　사선처럼 짧게 만났다가 이내 멀어질 때
　　　국경을 정하듯 감정의 계면에서 선을 그었다
　　　골이 생긴다는 건 또 이런 것일까

　하지만 경계가 경계에서 끝난다면 경계는 경계 자체로의 기능만 존재할 뿐 미래지향적 가치를 잃게 된다. 골이 생기고, 감정의 계면에 선을 긋고, 다만 그것에서 종료된다면 접힌 부분의 의미는 단절로 귀속되는 다만 그것뿐이다. 시인의 아포리즘은 3연에 부각된다.

　　　잠시 접어두라는 말은
　　　접어서 경계를 만드는 게 아니라
　　　서로에게 포개지라는 말인 줄을

읽던 책을 접으면서 알았다

　경계를 그은 것에 대한 반어적인 의미, 경계는 경계를 구분 짓는 것이 아니라 경계 이후를 생각하라는 선험적 교훈이다. 앞 장과 뒷장이 같이 포개지라는 말은 서로가 서로에게 이해와 간구를 요구하는 것이며 다음 장을 위한 [쉼]이라는 것을 시인을 말하고 있다. 4연에서는 3연의 주장을 합리적인 관점에서 부연해 설명해 주고 있다.

　　　아직 말하지 못한 내 뒷장을 슬쩍 보여주는 일
　　　실마리는 언제나 내 몫이었던 거다

　모든 경계의 선을 긋는 행위는 어쩌면 나로부터 비롯된 것이라는 자기반성에 그 요체가 있다. 필자는 개인적으로 내 몫이라는 말을 좋아한다. 내 몫이라는 말 속엔 중심이동이 나로부터라는 말이 내재하여 있으며 반성이 더해져 있다. 내 몫이 아닌 네 몫에서 원인을 찾을 때 모든 문제는 더 커지며 더 많은 문제를 반드시 만들게 되어있다. 너와 나라는 말은 우리라는 말과 같다. 우리라는 말은 좀 더 포괄적으로 사람과 사람의 관계를 말한다. 삶이라는 말이다. 변명을 합리화하는 것이 아니라 변명 속에서 반성의 그림자를 보는 것이다.

　　　다시 펼친 기억들이 그때와 다르다/

　　　어제는 맞고 오늘은 틀리는 진실들이/

이미 읽은 너의 줄거리를 다시 들추는 일보다/

위 세 부분은 객관적인 개연성을 담보하고 있다. 그 부분들이 시적 아포리즘의 날을 더 세워 시를 날카롭게 만드는 것이다.

두 번째 작품은 김성신 시인의 [반성하는 호박]이다. 시제부터 눈길을 끄는 작품이며 글의 전개 과정이 매우 흥미롭고 지향하는 시사점이 시인의 고유한 언술 행위가 엿보이는 작품이다.

**반성하는 호박** / 김성신

입장을 바꿔 생각해 봐
심장이 파인 다음
곰곰 고아지는 일에 대해

이웃들이 함께 테이블 앞에서 읽히면
쉽게 끓어오르지
빚, 이자, 독촉장이 큰 통에 고아질 때
오감을 오래전 땅에 묻었을지라도
밤은 이럴 때 자라나서 캄캄해졌지

바람이 주는 통증에 둔감했던 이파리며
결실을 독촉 받던 노란 꽃,
될 대로 되기만 바랐던 내가

수령, 납부, 당첨 같은 말들을 자꾸 되뇌다 보면
눈물 대신 앙다문 파리한 입술이 지워질까


눈꺼풀이 사라져버렸어
묵묵히 갚아내야 하는 것들 끼니로 채워주면
허물 벗듯 난 다시 물이 될까
툭툭 보글거리다 밀어 올리는 동그라미


구절양장九折羊腸으로 한 시절 꺾이며 내려가다
물기에 젖어 혹은 썩어 사라져야 하는 것은
아무 일도 아니라는 듯
기차 소리를 발뒤축으로 밟는 일이다


식욕이 무덤이 되는 일에 대해서
울적해질 때
나는 남은 호박 줄기들을 다시 모아 햇빛 쪽으로 간다
꽃이 핀다 모르는 척


  필자는 이 작품에서 시적 전개 방식의 표준을 본 것 같은 생각이 들었다. 가장 기본에 충실한 작품이라는 생각이다. 시의 기본을 말할 때 정답은 없지만, 필자가 생각하는 기본은 비유와 은유가 자연스러워야 하며 비유와 은유의 흐름에 정확하게 일치하는 성찰이 있어야 한다는 점이다. 생경하거나 채집된 단어의 조합이 어불성설이거나 시적 흐름에 저해가 된다면 중언부언이 되며 시적 내용이 아무리 곡진하다 해도 전달되는 경로의 문제로 인하여 독자에게 오면 전혀 다른 내용으로 이해를 하게 될 오독의 여지도 많게 된다. 김성신의 작품은 촘촘하게 엮은 그물을 연상하게 한다. 첫 연에서 마지막까지 문장의 행보가 내밀하다. 또한, 앞뒤 문장과 사고의 개연성이 합리적이다. 호박이 나고 자라서 식탁 위에서 조리되는 과정과 자신의 삶을 비교한, 단순히 비교에 그친 것이 아닌 성찰의 결론이 돋보이는 작품이다.

   입장을 바꿔 생각해 봐
   심장이 파인 다음
   곰곰 고아지는 일에 대해

 첫 연부터 눈길을 잡는다. 심장이 파인 다음 곰곰 고아지는 일은 누구에게나 가능한 상상이라는 공감을 쉽게 확보하고 시적 긴장감을 최고조로 놓아두고 시작한다.

   빛, 이자, 독촉장이 큰 통에 고아질 때/

   밤은 이럴 때 자라나서 캄캄해졌지 /

   결실을 독촉 받던 노란 꽃/

 자신의 삶과 대입한 고아지는 호박과의 개연성이 매우 자연스럽다. 또한, 3연의 단어 선택을 매우 탁월한 시인성을 갖게 만든다.

  수령, 납부, 당첨 같은 말들을 자꾸 되뇌다 보면/

 수령, 납부, 당첨이라는 단어에 주목할 필요가 있다. 시인이 고민한 흔적이 역력하게 드러난다. 삶에 고민한 것이 아니라 시적 개연성에 고민한 흔적이라는 말이며 동시에 반성이라는 것의 반어적 표현 방식을 따르고 있다.

  허물 벗듯 난 다시 물이 될까
  툭툭 보글거리다 밀어 올리는 동그라미

 4연에서 보여주는 시인의 감성적 메시지에 짙은 공감을 하게 된다. 의뭉하게도 시인은 5~6연에서 매우 탁월한 언어적 감각을 시적 아포리즘에 바탕을 두고 적절하게 표현해냈다.

  아무 일도 아니라는 듯
  기차 소리를 발뒤축으로 밟는 일이다/

  식욕이 무덤이 되는 일에 대해서
  울적해질 때
  나는 남은 호박 줄기들을 다시 모아 햇빛 쪽으로 간다
  꽃이 핀다 모르는 척/

 아무렇지도 않은 듯, 무심한 듯, 결국 생의 한 부분이라는 듯, 너와 나는 별개가 아니라는 듯, 별개는 별개가 아니라는 듯, 시를 잘 응축해

냈다. 기차 소리를 발뒤축으로 밟는 일은 발뒤축으로 밟아 본 사람만이 낼 수 있는 목소리다. 일종의 체험적 고뇌가 문장화한 것이라는 생각이 짙게 든다. 절창이라고 하고 싶다. 시인이 부른 노래는 흉내 내기 어려운 음정과 박자를, 고유의 음색을 갖고 있다.

마지막 작품은 짧지만 강렬한 김종헌 시인의 [낮술]이다. 매우 짧은 순간의 한 부분에서 시인이 본 삶의 단면과 그 단면에 대한 시인의 공감이 어우러져 강한 메시지를 사회에 던지고 있다.

**낮술** / 김종헌

바람 부는 길가
낮술에 취해 주저앉은 사내
가로등 기둥을 부여안고
일어나려고
다시 일어서려고
안간힘을 쓴다

평생 발목을 잡아 온
고된 노동과 무거운 삶이
사내의 바지가랭이에 걸려
좀처럼 일어나지 못하고
낡고 해진 바지를 걸레 삼아
더러워진 세상을 닦고 있다

해설할 필요조차 없다. 읽히는 대로 보이는 대로 느껴지는 대로, 문장가는 대로 문장이 말하는 대로 그대로 공감하면 된다. 반복되는 문장을 사용해 강조 한 것도 백미라고 볼 수 있다.

<blockquote>
가로등 기둥을 부여안고<br>
일어나려고<br>
다시 일어서려고
</blockquote>

우리 삶이 그런 것이다. 일어나려고 다시 일어나려고 애쓰다 그냥 그 자리에 주저앉는 사람이 있고, 사람이 있고, 사람이 있다. 현대사회의 단면? 아니면 전체? 아마 누구도 부인하거나 정답이라고 할 수 없을 것이다. 누구나 자기 키만 한 그림자를 어깨에 지고 사는 것이 삶이기에. 다시 일어서려고 하는 사내는 사내이기도 하며 나이기도 하며 우리 이웃이기도 하며 우리가 사는 세상이기도 한 것이기에 시를 읽는 내내 무겁다. 아프다. 줌인 줌 아웃을 아무리 해 봐도 누구나 거기서 거기라는 것에서 자유롭지 않기에 시적 아포리즘의 내게 인을 박는 것인지도 모른다.

<blockquote>
좀처럼 일어나지 못하고<br>
낡고 해진 바지를 걸레삼아<br>
더러워진 세상을 닦고 있다
</blockquote>

우리는 우리의 몸이나 의복으로 무엇을 닦고 있을까? 세상을? 나를? 살아온 행위를? 위선과 가식으로 점철된 세상의 모든 진리라는 것을?

어쩌면 우리 모두는 낮술이라는 태양이 권한 술을 마시며 하루하루를 견뎌내며 사는 것은 아닐까? 이기는 자가 승리하는 자라는 말의 본질이 무엇일까? 깊이 생각해 보게 만드는 매우 간결하면서도 탁월한 작품이다. 시는 아포리즘이 살아있어야 진정한 창조를 위한 작품이 된다는 것을 명심해야 할 것이다.

# 수필

장승규

최정신

## 장승규 시인

필명: 장남제.
경남 사천 출생.
한국외국어대학 영어과 졸업.
2003년《문학세계》로 등단.
현재: 남아공 요하네스버그 거주.
Supex Ltd 대표.
K장학재단(ww.kscholarship.com/kr/) 이사장.
시마을(www.feelpoem.com) 동인.
시집『당신이 그리운 날은』(2003),『민들레 유산』(2018),
『희망봉에서 그대에게』(2020) 등.

supexsam@hanmail.net / kscholar@supexgroup.com

# 꼰대 편지

**장승규**

### 할아버지가 현에게 1.4

지난번 1.3 '삶의 계획'에 대한 이야기에 이은 이야기이다.

1.4 '우선순위'에 대한 이야기
현아!
세상 사람들이 열심히만 하면 다 성공하는가 싶어도
아니다
세상일을 가만히 들여다보면
엄청 열심히 일하는데도 성공하지 못하는 경우가 허다하다.
그 이유 중 하나가 바로 '우선순위' 때문이라고 생각한다.

할아버지가 금성사(지금의 LG전자)에 다닐 때, 그러니까 1983년쯤 이야기이다.
할아버지는 아시아/중동/아프리카 지역에 수출을 담당하는 수출과장이었다.
그 당시 금성사는 아프리카 지역의 해당 국가별 판매 agent를 주로 한국의 작은 업체들에 두고 있었다. 회사 역량이 그곳까지 미치지 못했기 때문이었다. 즉, 우선순위에서 낮은 곳이었지.
그 업체들 중 하나가 김ㅅ덕 사장의 회사였는데, 참말로 열심히 하더라.

현지 buyer들이 금성사를 방문하면 함께 와서는 상담노트를 빼곡히 하나도 안 빠트리고 적어두고 그 많은 현지 buyer들과 fax로 교신하며, 매일 엄청 열심히 챙기더라.

그 당시는 fax가 주요 교신수단이었지. 지금에 비해 많이 불편했다.
그런데도, 결국 그 사업에 성공하지 못하더구나.
왜?

현아!
숙명(예: 태어난 부모, 나라 등)은 네가 고쳐 하지 못하지만, 운명은 네가 선택하는 데 따라 고쳐할 수 있다. 즉, 선택이 운명을 바꾸고, 그 선택 기준이 되는 것이 '우선순위'이다.

위 김 사장이 그 많은 buyer들을 똑같은 비중으로 챙길 게 아니라
1. 중요도에 따라 1위 2위 3위 우선순위를 정해서
2. 그 상위 buyer들에게 자기 능력과 시간을 집중 투자했다면 어땠을까?

그렇게 해야 한다.
개인의 능력과 주어진 시간은 아주 제한적이다.
오늘 동창회에 갈까? 동호회에 갈까? 아무데도 가지 말까?
이런 결정마저도 네 운명을 바꾼다.
목표가 있고, 그에 따라 미리 정해둔 '우선순위'가 있다면, 어떨까?

현아!
이게 성공하는 방법이다.
"네가 지향하는 목표가 무엇이든,
그에 이르는 중요도에 따라 '우선순위'를 정하고
그 상위 우선순위 몇에 네 능력과 시간을 집중 투자하라"

현아!
할아버지는 네가 반드시 성공하리라 믿는다

-계속-

(잠실에서 2024.04.29)

### 할아버지가 현에게 1. 5

지난번 1.4 '우선순위'에 대한 이야기에 이은 이야기이다
오늘 이야기가 '해야 할 것들' 중(1.1~1.5)에서
맨 나중 이야기인 것 같다.

**1.5 '뜻 세우기'에 대한 이야기**
현아!
고3인 네가 할아버지의 이 이야기를 알아들을지 모르겠다.

세상 사람들이 다 고달프게 사는가 싶어도
아니다.
덜 고달프게 사는 사람들도 있다.

현아!
가만히 세상을 들여다보면
이 세상 모든 것이 내 뜻과 무관하게 존재하며
그 존재 중에 하나가 '나'이다.
나 자신조차도 내 뜻과 무관하게 이 세상에 존재해 있으면서
세상에 모든 걸 내 뜻대로 하려고 하면서부터
삶은 '苦', 고달파지는 것이다.

현아!
어떤 일이 네 뜻대로 돌아가지 않거든, 네뜻이

이미 네 뜻과 무관하게 존재하는 사람들의 뜻과 다르다는 것이거나,
자연(하늘)의 뜻과 다르다는 것이다.
그렇다고 화를 내거나 함부로 산다면,
그게 지금 네가 처한 처지란다.


현아!
할아버지가 너에게 전하고 싶은 이야기는
뜻은
세울 데에서는 확실히 세우고
빠질 데에서는 적당히 빠져야
삶이 덜 고달파지더라는 것이다.


그래서, 함부로 아무 데나 네 뜻을 세우는 게 아니다.
네 뜻이 크든 작든 당연히 주위와 마찰이 생긴다.
이 마찰이 '苦', 이고, 뜻이 클수록 마찰은 커진단다.
평시에는 네 큰 뜻을 내지 말라는 뜻이다.


현아!
이제 네가 체중을 100kg 아래로 줄이겠다는 큰 뜻 하나를 확실히 세웠으니
 그 뜻을 이루려면 많이 고달파지겠지.
 지금은 고달파야할 때이다.


현아!

할아버지는 네가 반드시 성공하리라 믿는다

-계속-

(잠실에서 2024.05.14)

## 최정신 시인

2004년 《문학세계》로 등단.
2019년 조세금융신문 《디카시》 입선.
시집: 『구상나무에게 듣다』 외 동인지 다수.

# 미루나무 유적

**최정신**

봄 문학세미나 때, 올림픽 공원에서 만난 미루나무, 나무도 유행이 있는지? 그 흔하던 나무를 좀체 만나기 어려워 귀한 지인을 만난 듯 반가웠습니다. 남자로 보면 속 깊고 사려 깊은 키다리 아저씨였고 여인으로 보면 팔등신 미녀였습니다.

문득 스치는 풍경, 너무도 오래된 흑백 사진첩 낡은 무성영화 한 편이 나뭇잎 사이 화면에 상영되었습니다. 고향이라야 고작 초등학교 일 년 남짓 다니고 대도시로 전학한 기억 속 풍경이지만 어젯밤 꿈처럼 생생합니다. 하얀 햇살 내리쬐이던 쪽빛 하늘 아래 진초록 바람이 일렁이는 신작로에 담상담상 서 있던 키 큰 미루나무, 풍경 한 컷이 고집불통처럼 똬리를 틀며 살고 있었음을 잊고 살았습니다.

이끼 낀 돌멩이를 들추면 버들잎인지 새끼 물고기인지 가늠이 안 되는 유연한 몸짓으로 하늘거리던 냇가, 물 간지럼이 재미있어 가만히 손 담그던 샛강 징검다리를 퐁당거리며 건너던 추억이 물안개처럼 스멀거렸습니다.

신작로, 먼 전설 속에서나 들었던 멀어진 단어 사전적 의미로는 "자동차가 다닐 수 있을 정도로 새로 만든 큰길" 지금의 아이들에게는 생소한, 아니 그런 단어가 있었는지조차 모를 수도 있을 겁니다. 현대 물질만능주의에 밀린 것들을 들추자 들면 무궁무진 셀 수 없을 것들이 너무도 많습니다.

　신작로 따라 앞으로나란히 서 있던 미루나무 소실점에 닿으면 수정 알보다 맑은 물거울에는 뭉글구름 사이 푸른 하늘과 초록 이파리 흐드러진 돌배가 아름다운 한 폭 수채화로 일렁였습니다. 사계절이 바뀔 때마다 옷을 갈아입는 나뭇잎은 물거울에 비치는 모습을 뽐내며 내 키를 키웠습니다.

　철부지 딸과 외출을 즐기던 아버지, 손가방 열어 머리빗에 개울물 발라 이마에 흐트러진 단발머리를 빗겨 주시곤 했습니다. 오늘은 감색 양복에 갈색 가죽가방 어깨끈이 선연한 키다리 아버지가 멋진 미루나무로 서 계시네요. 청정수 공기 속 감나무 그늘이 시원한 흙 마당 바지랑대 위 젖빛 빨래 사이를 날아다니던 빨간 고추잠자리 날갯짓, 쪽마루를 사이에 두고 노오란 콩물 입힌 종이 장판이 매끈한 건넌방 장지문에 피어 있던 국화꽃이 석양에 비추던 기역자 개와집, 쌀 강냉이 한 소쿠리면 세상 무엇도 부러울 것이 없던 곳, 어떤 유명화가의 명품 그림이 이토록 평화로울까요?. 함부로 자란 질경이나 채송화, 과꽃, 백일홍, 돌담 밑으로 흐드러진 계절이 상영되던 골목이 나를 키웠습니다. 피마자 잎으로 싼 손톱에 봉숭아 꽃물이 눈 올 때까지 남아있으면 소원이 이루어진다던 할머니 말씀이 미루나무 그늘에 서니 들립니다.

　땅 따 먹기, 공깃돌 놀이, 고무줄놀이를 훼방 놓고 달아나던 그 애, 책가방에 개구리를 잡아다 넣어 놓아 수 없이 울음보를 풀어 놓게 하던 가을 홍옥처럼 볼 붉던 녀석은 지금쯤 자본주의 맹신자가 되어

주식장 전광판에 꽂힌 노년을 추스르고 있을지도 모릅니다. 이생에선 어떤 값을 치른다 해도 다시는 들을 수 없는 분꽃 만개한 돌담을 넘던 어머니의 "저녁 먹어라". 다정한 목소리, 아래 재 퍼 올려 잠재워도 찾아들지 않던 맛있게 매움 한 모깃불 내음이 자욱했습니다. 멍석 위에 누워 거실 거리는 할머니 손 매듭이 사각사각 들려주던 내 강아지, 내 강아지, 자장가 소리에 까무룩 잠 기슭에 닿던 때도 있습니다. 하늘에 별만큼이나 반짝이며 달아나던 반딧불이 꽁무니의 깜박이던 불빛이 아슴합니다.

 그 시절 몸체보다 큰 건전지를 묶어 들던 라디오는 동네에서 제일 행복한 공주의 꿈을 꾸게 해 준 귀한 아버지의 선물이었습니다. 조무래기 어린 악동들이 몰려다니며 듣고 싶어 했던 라디오에서 들리던 노래, 사람이 들어있느냐며, 뜯어보고 싶어 하던 처음 대한 신기한 라디오로 청보리 같던 자존심에 풀을 먹여 주었던 아버지의 유적, 골목의 주인공이 된 기억으로 영혼은 배가 불러 한 사나흘 굶어도 허기지지 않을 것 같습니다. 다시는 재현할 수 없는 유년을 소환해 준 그 많던 미루나무는 모두 어디로 갔을까요? 그때는 삶이라는 길목에 도사리고 있는 진눈깨비 비바람이랄지, 물 덤벙 진창이 그렇게 깊은지? 천방지축 깨금발 통통 튀던 시간이 다 지나고 나니, 그리운 것은 돌아오지 않기에 사무친다는 걸, 이제야 알았습니다. 잎잎이 지고 피워낸 계절이 어느덧 수 십 번 다녀갔어도 지워지지 않는 때가 있습니다.

 가족에게 줄 사랑을 마르지 않는 샘물처럼 마구 퍼 주시느라 당신 인생 잔고에는 인색하셨나 봐요. 시간이 멈춘 나보다 젊은 아버지 사진이 내 딸, 잘 살았다고 웃고 계시는데, 가슴에 구멍이 뻥 뚫려 찬바람이 듭니다. 진초록 이파리로 그늘 넓고 뿌리 깊던 미루나무를 대신하여 거대한 콘크리트 철옹성 괴물이 집어삼킨 고향 동네 초입 솟대 위 기러기는 꿈을 찾아 어디로 날아갔을까요? 손등에 흙가루가 묻는지도 모르고 딱지치기 구슬 따먹기로 익힌 친구들의 생존경쟁은 무럭무럭 건승해지고 있을 거라 믿습니다.

미루나무 그늘에서 추억여행을 즐기는 사이 서쪽 하늘이 회억이 남았거든 단단히 챙겨가 라며 등을 떠밀었습니다.

# 동화

신이림

## 신이림 작가

필명: 신이림(본명:신기옥).
1996년 서울신문 신춘문예 동화 당선.
2011년 황금펜 아동문학상 동시 당선.
동화책:『염소 배내기』『싸움닭 치리』외.
동시집:『발가락들이 먼저』,『춤추는 자귀나무』.

# 염소 배내기

**신이림**

비가 멎자 햇살이 한꺼번에 와르르 쏟아져 내립니다. 동네 아이들은 약속이나 한 듯 정자나무 아래로 모여듭니다. 단발머리 순아만이 멀찍이서 아이들을 지켜보고 있습니다.

순아는 몸이 불편한 아이입니다. 어른들은 순아와 같은 아이를 '지체부자유아'라고 부릅니다. 봉이할아버지는 그런 순아가 가엾습니다.

"순아 나왔구나? 왜 친구들이랑 같이 놀지 않고?"

할아버지가 순아의 손을 잡아끕니다. 순아는 쭈뼛거리며 선뜻 일어서질 않습니다. "그럼 이 할애비 따라 염소나 매러 갈까?"

그제야 순아가 대답 대신 활짝 웃습니다.

"그래, 가자꾸나. 염소도 갇혀만 있어 갑갑할 게다."

할아버지는 염소우리로 순아를 데려갑니다. 우리 안에는 비가 들이쳤는지 깔려있던 마른 풀들이 축축이 젖어 있습니다.

"매헤에에에~"

할아버지를 본 염소가 큰소리로 인사를 합니다. 염소는 말뚝을 뱅뱅 돌아 고삐를 친친 감아 놓았습니다. 할아버지는 조심스레 한 겹 한 겹 고삐를 풀어냅니다.

할아버지는 염소를 데리고 아직 물기가 채 걷히지 않은 언덕을 올라갑니다. 순아도 힘들게 자박거리며 뒤를 따라갑니다.

할아버지가 양지바른 곳에 말뚝을 박습니다.

"순아야, 이리 와서 이걸 좀 봐라."

쪼그리고 앉은 할아버지가 염소의 불룩한 배를 쓰다듬습니다. 순아도 조심히 염소 곁으로 다가갑니다.

"한 번 만져 볼래?"

순아가 고개를 살래살래 젓습니다.

"염소가 새끼 낳으면 순아 한 마리 줄까?"

순아가 또 고개를 살래살래 젓습니다.

"왜? 할애비가 공짜로 주겠다는데도 싫으냐?"

좋아할 줄 알았던 순아가 선뜻 대답을 하지 않자 할아버지가 다시 묻습니다.

"하 할아버지이, 내가 부 부 불쌍해서 주려는 거죠?"

빤히 쳐다보는 순아 눈동자가 옹달샘처럼 맑습니다.

"불쌍하긴. 순아가 왜 불쌍해? 마음이 예뻐서 주려는 게지."

"어 엄마가 고 공짜로는 얻지 말랬는데…."

"그럼 어떡한다? 난 순아한테 염소를 한 마리 주고 싶은데."

"그 그럼 빌려주세요."

"빌려달라고? 옳아! 배내기를 하잔 말이구나."

박꽃처럼 맑은 순아 얼굴에 웃음꽃이 활짝 피어납니다.

"메헤헤에에~ 메헤헤에에~"

염소는 새끼를 떼어주기 싫다는 듯 울어댑니다.

"하긴, 그저 얻는 것은 값어치가 없지. 내가 노력해서 얻어야만 귀하게 여겨지는 법이야."

할아버지는 순아에게 염소를 빌려주기로 약속했습니다.

'빨리 염소가 새낄 낳았으면….'

순아는 날마다 할아버지 집에 들러 염소의 배를 살핍니다.

아이들이 정자나무 아래서 공기받기를 합니다. 참 재미있어 보입니다. 순아는 담 밑에 숨어 공깃돌을 손등에 올려봅니다. 공깃돌이 손등에서 미끄럼을 타더니 툭 떨어집니다. 속이 상합니다.

그때입니다. 자지러지는 염소 울음소리가 들립니다. 순아는 벌떡 일어나 할아버지 집 염소 우리로 서둘러갔습니다.

"매헤에에에~ 매헤에에~매헤에에~"

염소가 엉거주춤한 자세로 어기적거리며 울어댑니다. 할아버지는 일찍 들일을 나가셨는지 보이질 않습니다.

'어떡하지?'

순아 콧잔등에 땀방울이 송글송글 맺힙니다. 가슴도 벌렁거립니다. 염소는 계속해서 울어댑니다. 순아는 아무래도 할아버지를 찾아와야겠다고 생각합니다.

해가 질 때쯤이면, 할아버지가 놀을 등에 지고 내려오던 언덕길로 순아는 달려갔습니다. 숨이 차고 가슴이 벌렁거렸습니다.

"순아야, 왜 무슨 일이 있냐?"

때마침 언덕길을 내려오던 할아버지가 순아를 보았습니다.

"하 하 할아버지, 염 염소가."

"뭐? 염소가?"

할아버지는 순아 손을 잡고 종종걸음으로 내닫습니다. 집에 도착한 할아버지는 서둘러 염소 우리로 갔습니다.

"아이쿠나, 이런! 벌써 새끼를 다 낳아버렸구나. 고생했다, 고생했어."

할아버지는 미안한지 자꾸만 자꾸만 어미염소를 쓰다듬습니다. 어미염소는 꼬물거리는 아기염소의 몸을 헛바닥으로 계속 핥아줍니다.

수필

아기염소는 모두 두 마리입니다. 눈도 제대로 뜨지 못한 채 어미 가슴 밑을 파고들기만 합니다.

"순아야, 젖 떼면 이 중에서 맘에 드는 놈으로 한 마리 가져가거라."

순아는 아직까지 털이 젖은 채로 있는 아기염소를 살짝 건드려 봅니다.

"지금 미리 점찍어 놓아라. 그래야 고놈과 더 정이 들지."

할아버지는 아기염소 두 마리를 하나하나 손바닥에 들어 올렸습니다.

"흠, 요놈은 수놈이로구만."

할아버지는 한 마리를 내려놓고 또 한 마리를 들어 올립니다.

"오호, 요놈이 순아 가져갈 암놈이로구나. 어디 한번 보자. 어? 다리가 왜 이러냐?" 할아버지가 깜짝 놀라며 암놈을 이리저리 살핍니다. 어찌된 일인지 한 쪽 다리가 구부러져 제대로 펴지질 않습니다.

"그 참 이상한 일이네. 아무래도 요놈은 제구실하기 글렀구먼. 순아는 수놈으로 가져가야겠다."

할아버지가 무척 실망한 표정을 짓습니다.

"하 할아버지, 그래도 나 난, 새끼 낳는 암놈으로 할래요."

"몸이 부실해서 제구실도 못할 텐데?"

"그 그래도 좋아요."

할아버지는 순아의 고집을 아는 터라 더 이상 아무 말도 하지 않습니다. 그저 빙그레 웃기만 합니다.

할아버지는 순아네 집 마당 구석에 염소우리를 만들었습니다. 순아 입이 함지박 만해졌습니다. 말뚝도 흔들어보고 판자도 쓰다듬었습니다.

"자, 이제 염소만 이리로 데려오면 되는 거다."

할아버지가 바닥에 마른풀을 얼기설기 깝니다. 순아도 할아버지를 따라 마른풀을 깝니다.

"아직 젖떼기에는 이르지만 순아는 문제없이 키울 거다."

할아버지 말씀에 순아는 가슴이 두근거립니다.

몇 달이 지나자 아기염소는 제법 똘똘해졌습니다. 아기염소 까만 털에서 반짝반짝 윤기도 납니다.

이제 순아는 아이들 노는 모습을 숨어서 지켜보지 않아도 됩니다. 아기염소를 돌보느라 심심할 틈이 없습니다. 풀을 뜯어다 먹여 주고, 다리 운동도 시켜주어야만 합니다. 덕분에 아기염소는 뒤뚱뒤뚱 걷기도 합니다.

순아는 아침밥을 먹기가 바쁘게 염소를 데리고 풀밭으로 나섭니다.

"자기 몸도 시원찮으면서 왜 하필 저런 염소를 키운대?"

길에 모여 있던 아이들의 수군대는 소리가 들립니다. 순아 귀밑이 후끈 달아오릅니다. 순아는 창피한 생각에 길에 염소를 두고 집으로 들어와 버렸습니다.

아이들이 하던 말이 귓가에 맴돕니다. 울지 않으려 해도 자꾸만 눈물이 납니다.

"아니, 순아야. 염소는 어떡하고 너 혼자 왔어?"

엄마가 어리둥절해하며 묻습니다. 그러나 이내 순아가 울고 있다는 것을 안 엄마는 말없이 바깥으로 나갑니다. 엄마는 순아가 말을 하지 않아도 무슨 일이 있었을지 짐작하기 때문입니다.

잠시 후 엄마가 아기염소를 몰고 집으로 왔습니다. 아기염소가 매헤

거리며 마당 안을 맴돕니다.

"순아야, 아이들이 놀린다고 한길에 염소를 두고 오면 어떡해?"

"나 나, 저 염소 안 키울래."

순아는 아직도 채 가라앉지 않은 울음을 삼키느라 훌쩍거립니다.

"그게 될 말이냐? 염소가 무슨 죄가 있다고?"

"아 아이들이 놀린단 말이야."

"아이들이 놀려도 그렇지."

엄마는 한참동안 생각에 잠깁니다. 그러다 무겁게 입을 엽니다.

"순아야, 엄마는, 엄마는 말이다. 순아가 몸이 불편하지만 한 번도 부끄럽게 생각하거나 귀찮아한 적이 없어. 오히려 다른 사람들보다 더 꿋꿋하게 키우려고 노력했단다."

엄마 눈에 눈물이 일렁입니다. 순간 순아는 아무 말도 못한 채 고개를 푹 떨굽니다. 부끄러워 엄마 얼굴을 볼 수가 없습니다.

어느덧 아기염소는 자라 어미염소가 되었습니다. 다리를 절면서도 씩씩하게 잘 놉니다. 순아는 염소가 풀을 뜯는 동안 풀밭에 누워 흘러가는 구름을 봅니다. 꽃목걸이를 만들어 염소의 목에 걸어주기도 합니다.

순아는 더없이 행복합니다. 볼록해져 가는 염소의 배를 볼 때마다 자꾸만 입이 벌어집니다.

"하 할아버지, 어 얼마나 더 기 기다려야 해요?"

순아는 할아버지를 볼 때마다 묻고 또 묻습니다.

"어디 보자."

할아버지가 손가락을 접어가며 날을 짚어 봅니다.

"이제 며칠 안 남았구나. 그런데 고놈 참 기특하지. 그런 몸으로 새끼를 배다니." 할아버지가 혼잣말처럼 중얼거립니다.

　순아는 하루에도 몇 번씩 염소 배를 만져봅니다. 그럴 때마다 염소는 매헤 거리며 순아 주위를 뱅뱅 돕니다.

　여름밤은 별을 많이 볼 수 있어 좋습니다. 오늘은 달님이 한 뼘이나 올라와 있습니다.

　"달님은 엄마, 달님 옆에 있는 저 별은 나, 아빠는…."

　순아는 혼자 고생하는 엄마 생각에 마음이 아픕니다.

　"염소가 새끼를 낳고 또 새끼가 커서 새끼를 낳으면 엄마 옷을 사줘야지. 화장품도 사주고, 짜장면도 사주고. 할아버지는 장갑을 사드릴까?"

　순아는 마음이 설렙니다. 벌써부터 부자가 된 듯 기분이 좋습니다.

　"매헤헤에에에~ 매헤에에에~~"

　갑자기 염소의 자지러지는 울음소리가 들립니다. 순아는 엄마와 염소우리로 달려갔습니다.

　"순아야, 염소가 새끼를 낳을래나 보다. 저리로 가 있어."

　"왜요?"

　"누가 보고 있으면 새끼를 편안하게 못 낳는단다."

　엄마가 짚을 바닥에 두텁게 깝니다.

　염소 울음소리는 한동안 그칠 줄을 모릅니다.

　"몸도 불편한데 새끼를 제대로 낳을래나?"

　엄마는 걱정이 되는지 몇 번씩이나 우리를 왔다 갔다 합니다. 순아도 속이 탑니다. 달이 한가운데 떴을 때쯤이야 염소 우리가 조용해졌습니다.

　"순아야, 이리 와봐. 암놈하고 수놈, 두 마리야. 다 건강해."

엄마가 오라는 손짓을 합니다. 순아는 두근거리는 가슴을 누르고 염소 우리로 다가갔습니다.
 "어 어디? 저 정말이네."
 순아는 어미염소가 고맙습니다. 꼭 끌어안고 얼굴을 비볐습니다. 어미염소가 지친 듯 순아 품에 스르르 기댑니다. 그래도 철없는 아기염소들은 꼬물꼬물 엄마 품을 파고듭니다.

# 소설

허영숙

## 허영숙 작가

2006년 《시안》으로 등단.
2016년 부산문화재단 창작지원금 수혜.
2018년 〈전북도민일보〉 소설부문 신춘문예 당선.
시집:『바코드』『뭉클한 구름』등.

# 파티파티

**허영숙**

아버지는 물먹은 파지처럼 늘어져 있었다. 발톱이 길었고 수염은 오래 자르지 않은 풀처럼 수북했다. 여름인데도 두꺼운 옷을 걸치고 있었고 몸에서 고약한 냄새가 났다. 이마를 가린 머리카락을 들추고 자세히 들여다본다. 주름의 골이 깊고 광대뼈가 보일 정도로 볼이 파였지만 아버지가 맞다.

아버지를 맨 먼저 발견한 사람은 같이 이 동네를 떠돌며 노숙하는 사람이었다. 재개발 예정지인 이곳은 사람 사는 집보다 빈집이 더 많다. 이 동네에서 그와 아버지는 오래 노숙을 했고 아버지가 며칠째 무료급식소에 나타나지 않아 혹시나 해서 동네를 뒤지고 다녔다는 것이다.

다시 얼굴을 어루만져 본다. 하얗게 굳어 있다. 교문 앞에서 늘 손 흔들어 주던 자상했던 모습을 찾을 수 없고 세상의 어떤 것이 그렇게 모질고 악착같았는지 두 손을 꼭 쥔 채 누워 있었다.

"배낭 속에 사진이 들어 있었는데 사진 뒤에 김은혜 씨 이름하고 전화번호 적힌 게 있어서 연락드렸습니다. 아까 통화하실 때 딸이라고 하셨지요?"

"네, 딸입니다"

나는 정말 딸일까, 뼈와 살을 나눈 딸이라면 이 지경까지 아버지를 방치할 수는 없다.

"그렇군요. 어르신이 혹시 이런 모습으로 발견되실까 봐 연락처를 남긴 것 같습니다. 보아하니 외상의 흔적은 없습니다. 타살의 정황은 없지만, 더 조사가 필요하시면 현장을 이대로 보존 하도록 하겠습니다만,"

이곳에서 이런 죽음을 몇 번 발견했다는 듯 파출소 순경이 짐작하여 말했다. 쇳덩이로 된 돈 되는 것들은 이미 모두 뜯겨 나가고 쓸모없는 콘크리트와 낡은 나무틀과 버린 가구들만 남은 허름한 빈집 바닥에는 종이 상자가 깔렸고 어젯밤 내린 폭우로 빗물이 새어 들어와 아버지도 상자도 젖어 있었다. 앙상하게 드러난 팔목의 수술 자국은 언제 생긴 것일까, 도대체 얼마나 오래 저런 모습으로 떠돌았던 것일까……, 울음보다 더 묵직한 것이 가슴을 짓눌러 오히려 눈물이 나오지 않았다. 이쯤 되면 딸은 주저앉아 통곡부터 해야 했다.

"아니에요. 바로 병원으로 옮겨주세요"
아버지를 더 오래 여기에 둘 수 없었다. 현기증이 나고 온몸이 떨렸다. 그때 전화벨이 울렸다.

"실장님, 어디세요? H그룹 사모님께서 약속시각이 지났는데 오지 않는다고 난리에요"

재촉하는 윤 대리의 전화였다. 아버지가 발견되었다는 연락을 받고 급하게 오느라 주 여사님과의 약속을 깜박 잊었다. 모그룹 사모님의 주선으로 H그룹 회장의 팔순 파티를 우리 회사에서 기획하여 진행하게 되었고 국회의원의 장인이자 VIP급이어서 실장인 내가 직접 맡아 진행하는 중이었다. 자택에서 하는 가든파티라 준비할 것이 만만치 않았다. 파티를 며칠 앞두고 주 여사는 몇 가지 컨셉을 변경하고 싶다고 알려 왔다.

구급차가 아버지를 싣고 병원으로 떠났다. 병원으로 가는 동안 아버지의 손가락을 펴본다. 평생 대패질을 하고 못을 박던 거친 손이지만 내가 아플 때 이마를 짚어주고 위험한 길에서 내 손을 움켜쥐던 따뜻한 손이었다. 하지만 주먹을 꼭 쥔 채 굳은 아버지의 손가락은 쉽게 펴지지 않았다. 구급대원은 그 모습을 안쓰럽게 쳐다보며 억지로 손가락을 펴려고 하지 말라고 했다. 아버지를 살핀 의사는 심장마비로 사인을 적었고 나는 동의했다. 곧바로 장례식장이 마련되고 호적에는 아직 딸로 되어있으므로 상주는 내가 되었다.

\*

아버지를 처음 만난 건 여덟 살 때였다. 엄마는 내 손을 잡고 어느 다방으로 들어갔다. 우리를 보고 일어선 남자는 양복을 입고 있었으나 남의 옷을 빌려 입은 듯 크고 헐렁해 보였다. 마르고 엄마보다 키는 작았지만, 눈에 쌍꺼풀이 깊게 드리워진 순해 보이는 사람이었다.

"네가 은혜구나"

그는 내 뺨을 두 손으로 쓰다듬었다. 나는 낯선 남자의 손을 피해 엄마 뒤로 숨었다. 그는 내게 오렌지 주스를 건넸다. 엄마의 눈치를 보자 엄마가 어서 받으라는 듯 눈짓을 했다.

"반갑다. 은혜야"

그가 활짝 웃으며 나를 바라봤다.

"은혜야, 앞으로 너의 아버지가 되어 줄 사람이란다.

엄마가 그를 내게 소개했다. 하지만 엄마가 어떤 마음으로 아버지와 결혼을 결심하게 되었는지 그때는 알지 못했다.

나는 아버지가 없는 아이였다. 태어나자마자 만난 사람은 엄마와 할머니뿐이었으므로 아버지의 존재감이라든지 내게 어떤 역할을 해 주는 사람인지 몸으로 마음으로 느낄 수 없었다. 아버지가 있는 친구들은 아버지에게 혼이 나기도 하고 장난감을 사주거나 놀이공원을 가고 외식을 시켜주기도 했다. 내게 그런 역할을 해준 사람은 엄마였다. 엄마는 대학교 앞 작은 주점 딸이었다. 한 대학생의 참지 못한 취기로 불행하게도 주점 다락방에서 내가 생겼다. 외할머니 전언에 의하면 그 남자는 나를 두고 실수라고 했고 엄마는 마음이 시킨 일이라고 우겼다.

제법 책임감이 있었던 그 남자는 엄마를 아내로 맞아들이려고 했으나 지방의 있는 집 자식이었다는 남자의 집에서 주점을 하는 어머니 밑에서 자란 딸을 며느리로 받아 줄 리 없었다. 내가 있거나 없거나 그 집에서는 상관없다고 말하며 삼류 드라마처럼 그 집의 횡포에 나는 세상에 나오지 못할 뻔했다. 그래도 꿋꿋하게 나를 지켜 낸 건 엄마였다. 그 남자는 다른 여자와 결혼을 하고 이민을 했으나 교통사고로 세상을 떠났다고 했다. 그건 아마도 엄마와 외할머니가 술을 마실 때마다 욕을 해댄 탓인지도 모른다고 나는 생각했다. 외할머니와 엄마는 술을 자주 마셨다. 엄마는 술만 마시면 말했다.

"네 아버지는 너와 나를 버리고 절대 오래 못 살 것이다. 내가 가만 안 둔다!"

엄마와 할머니가 하는 욕과 술주정이 싫어 귀를 막았고 한 번도 본 적 없는 내 아버지 아니 그 남자는 엄마 때문에 분명 오래 못 살 것이라 그때 생각했다. 엄마의 바람은 유치원에 입학 할 때쯤 이루어졌다. 하지만 엄마는 아버지의 소식을 듣고 밤새 술을 마시고 울었다.

엄마는 나이트클럽 주방에서 일했다. 같은 주방에서 일하는 사람의 소개로 아버지를 만났다. 일찍 부인을 잃었으며 아들 하나를 두고 있고 부유하지는 않지만, 기술을 가지고 있어 은혜 학교는 걱정 없이 보낼 거라고 소개를 했다. 아버지에게 나보다 다섯 살 많은 아들도 있었다. 오빠라고 부르기까지 오래 걸렸으나 오래 불러보지 못한 사람이었다. 아버지와 엄마, 그리고 나와 오빠는 한집에 살게 되었다. 아버지는 목수였고 엄마가 일하지 않고 살 수 있었다. 아버지는 포근하고 자상했다. 입학식에 꽃다발을 들고 오거나 발표회에 와서 열심히 손뼉을 치고 놀이공원을 데려가고 외식을 시켜주었다 비 오면 우산을 가져다준 사람도 아버지였고 잠들기 전에 내 방에 마지막으로 들어와 보는 사람도 아버지였다.

옆 장례식장은 신발이 포개질 정도로 조문객이 넘쳐난다. 애도의 말과 함께 술과 안주가 계속 들어오고 부의 봉투를 든 사람들이 모두 슬픈 표정을 지으며 줄을 섰다. 서로 명함을 건네기도 하고 누군가는 죽은 사람의 이름을 부르며 자지러지게 울다가 그치기도 했다. 상주는 조문객과 인사를 하느라 슬픔 틈도 없어 보였다. 빈 부의 봉투처럼 허전한 아버지의 장례식장에는 달랑 내 신발 한 켤레, 울음은 고사하고 흐느낌조차 없다. 이름을 불러주는 이도 없고 찾아오는 이도 없다. 황당하고 허망한 죽음 앞에 나도 눈물이 나지 않았다. 직원은 아버지의 죽음 앞에 울지 않는 상주를 이상하게 여기는 것 같았다. 아버지는 태생이 외로운 사람이었다. 함경도에서 제법 부유했던 집안의 손자였지만 아버지의 부친이 다섯 살 된 아버지만 품에 안고 홀로 피난 왔다고 했다. 아홉 살 때쯤 부친이 돌아가시고 아버지는 고아가 되었다. 늦은 나이에 결혼은 했으나 상처를 하고 피붙이라고는 오빠 하나뿐인 사람이었다.

비 오면 우산을 가져다준 사람도 아버지였고 잠들기 전에 내 방에 마지막으로 들어와 보는 사람도 아버지였다.

옆 장례식장은 신발이 포개질 정도로 조문객이 넘쳐난다. 애도의 말과 함께 술과 안주가 계속 들어오고 부의 봉투를 든 사람들이 모두 슬픈 표정을 지으며 줄을 섰다. 서로 명함을 건네기도 하고 누군가는 죽은 사람의 이름을 부르며 자지러지게 울다가 그치기도 했다. 상주는 조문객과 인사를 하느라 슬픔 틈도 없어 보였다. 빈 부의 봉투처럼 허전한 아버지의 장례식장에는 달랑 내 신발 한 켤레, 울음은 고사하고 흐느낌조차 없다. 이름을 불러주는 이도 없고 찾아오는 이도 없다. 황당하고 허망한 죽음 앞에 나도 눈물이 나지 않았다. 직원은 아버지의 죽음 앞에 울지 않는 상주를 이상하게 여기는 것 같았다. 아버지는 태생이 외로운 사람이었다. 함경도에서 제법 부유했던 집안의 손자였지만 아버지의 부친이 다섯 살 된 아버지만 품에 안고 홀로 피난 왔다고 했다. 아홉 살 때쯤 부친이 돌아가시고 아버지는 고아가 되었다. 늦은 나이에 결혼은 했으나 상처를 하고 피붙이라고는 오빠 하나뿐인 사람이었다.

제단에 놓을 영정 사진도 없다. 장례식장 직원이 휴대폰 사진도 부분 발췌해서 영정사진으로 인화할 수 있다고 했지만, 사진은 집에 불났을 때 다 타버리고 너무 오래 헤어져 있어 최근 사진 한 장 내 휴대폰엔 남아 있지 않았다.

사진도 없고 꽃도 없고 향도 피우지 않은 향로만 단상에 덩그러니 놓여 있다. 옆 장례식장에는 검은 예복을 입은 사람들이 우르르 몰려와 죽은 자를 위한 기도를 올리고 있다.

'하느님, 옆 칸에 있는 우리 아버지도 함께 천국으로 인도해주세요'

속으로 되뇌며 앉아 있는데 서류를 든 직원이 와서 장례 물품 등에 관해서 의논하고 싶다고 말했다.

"다른 가족은 없나요?"

"네, 없어요.

초점을 잃은 듯 보이는 눈빛을 읽은 직원이 나중에 다시 오겠다고 하며 나간다. 가족이라고 가족에 대해서 어느 지점에서부터 설명해야 할까.

식장 벽에 기대 넋 놓고 앉아 있는데 주 여사의 전화가 왔다. 전화하겠다고 해놓고 경황이 없었다.

"김 실장, 약속도 안 지키고 연락도 안 되면 어떻게 해요!"

"죄송합니다. 사모님. 제게 갑자기 일이 생겨서요."

"그래도 그렇지 행사가 모레인데 할 일도 많고……. 김 실장 이러면 안 되지!"

까칠하고 도도한 그녀의 목소리가 전화기 밖으로 나와 장례식장을 맴돈다. 아버지의 죽음을 주변에 알릴 수 없었다. 아버지와 10년을 한집에 살고 오래 떨어져 살다 6년 전 한 번, 밖에서 만난 것을 제외하고 다시 만나지 못했으므로 이미 내게는 없는 아버지였다. 직원들이나 친구들 그리고 여기저기 경조사에 발품을 팔았던 지인들에게 부고장을 보낼 수 없었다.

주 여사는 짜증과 조바심을 냈다. 팔순을 기념하기 위한 가든파티지만 유명 정치인들, 재계 인사들이 주빈으로 참석하는 자리다. 서로의 영향력을 과시하는 행사이기도 했으므로 파티의 성공은 곧 주 여사의 업적으로 시아버지인 회장에게 자신의 능력과 충성심을 확인시키는 자리다. 빈 장례식장에 아버지 혼자 둘 수 없었지만 어쩔 수 없이 장례식장을 비우고 주 여사 댁으로 갔다. 화가 단단히 나 있었다.

"죄송해요. 사모님 제가 피치 못할 사정이 갑자기 생기는 바람에 연락을 못 드렸습니다. 몇 군데 컨셉을 바꾸고 싶다고 하셨나요?"

주 여사는 다른 대기업 사모님들보다 더 깐깐한 여자다. 두 달 전 모그룹 사모님을 통해 주 여사를 만났다. 대기업 안주인들 대부분이 그러하지만 그중에서도 주 여사는 만만치 않은 사람이었다. 컨셉과 테마를 설정할 당시부터 남달랐다. 하지만 파티플래너로 일한 지 벌써 10년이 넘는 경력이 있을 뿐만 아니라 주로 부유층 파티를 맡아 하면서 실력을 인정받아 온 터라 이번 행사 역시 자신감을 가지고 추진하고 있었다. 대부분 사모님들이 플래너들의 의견을 귀담아듣는 편이어서 파티가 기대에 못 미칠 경우 불평이 쏟아지곤 하지만 주 여사는 스타일링 컨셉부터 테마, 테이블 세팅, 식음료, 플라워데코 심지어 케이크 장식과 출연자, 스티커 하나까지 일일이 간섭했으므로 모든 것을 기획하고 연출해야 하는 플래너의 입장에서는 오히려 더 쉬운 고객이기도 했다. 주 여사의 의도를 파악하고 제시해주는 컨셉에 최대한 맞추기만 하면 되었다.

"어떤 부분을 더 추가하고 싶으신지요?"

주 여사는 음식부터 해서 몇 가지 추가 또는 변경해야 할 것을 알려주었다.

"꽃을 저 돌계단 위에서부터 장식하기로 했는데 그러지 말고 대문에서 돌계단까지도 꽃을 놓아주세요. 들어설 때부터 잔칫집 분위기가 나야 하니까. 현관에 들어 설 때부터 그 집 안주인의 안목을 느낄 수 있도록 하고 싶거든. 나는 평범한 건 싫어.'

"그럼 꽃은 어떤 꽃으로 준비할까요?"

"요즘 어떤 꽃이 좋을까……. 그건 김 실장이 좀 알아서 해줘요. 전문가니까, 화려하고 따뜻한 색감이 나는 것으로…,이왕이면 좀 귀한 꽃으로 해줘요. 차고 넘치는 것들 말고"
  주 여사는 한 번 보고 지나치거나 어쩌면 아무도 들여다봐 주지 않는 곳까지 꼼꼼하게 점검했다.

"제가 꽃시장에 가보고 마음에 드실 만한 꽃 몇 종류를 사진 찍어 사모님께 보내드리겠습니다. 다른 지시사항은요?"

"참석한다는 국회의원들이 몇 분 더 계셔요. 회장님 테이블 근처에 테이블 하나 더 마련해주세요."

주 여사의 지시사항을 받아 적으면서도 머릿속에는 텅 빈 아버지의 장례식장이 염려되었다.

"그리고 더 변경하실 건 없으신지요."

"팝페라 하기로 한 거요. 아무리 생각해도 고윤성 씨보다 여자가 낫지 않을까요. 왜 있잖아요. 박수진인가? 얼굴이 조그맣고 예쁜, 텔레비전에도 요즘 자주 나오던데……. 손님들이 대부분 남자라서 여자면 좋겠어요.

"행사가 모레라 스케줄이 어떻게 될지는 모르겠습니다만"

"돈은 달라는 대로 준다고 하세요. 그럼 할 거야"

"일단 박수진 씨 측에 연락을 취해보겠습니다. 더 변경하실 사항은 없으신지요?"

주 여사는 생각에 잠기는 듯했다.

"행사 날은 늦지 말고 일찍 와서 준비 좀 해줘요. 나 이번 행사 K그룹 사모님이 김 실장이 유능하다고 해서 믿고 맡긴 거니까 실수하거나 하면 안 돼요. 이건 단순한 팔순 생일 파티가 아닌 거 알죠?"

"예, 사모님 그날은 일찍 와서 준비하겠습니다."

대답은 했지만 난감했다. 모레면 아버지의 발인 일이다. 어떻게 해야 하나. 아침 일찍 발인하고 화장장에서 봉안당까지 꼬박 하루가 걸린다. 주 여사의 파티는 늦은 오후에 하는 행사지만 리허설은 미리 가서 해봐야 한다. 파티 날은 가장 긴장해야 하는 순간이다. 연출자가 그동안 준비한 극을 무대에 올리고 관객이 돌아가고 난 뒤가 끝이 아니라 평가가 끝인 것처럼 현장인력과의 리허설, 주인공을 돋보이게 하는 감동의 시간과 만찬이 끝나고 내빈이 퇴장하고 주최자의 감상평이 파티의 끝이다.

사무실에 변경 내용을 통보하고 꽃시장으로 가서 꽃을 살폈다. 비싼 꽃이라니. 꽃에도 귀하고 천함이 있다고 생각하니 씁쓸했다. 전문가니까 믿고 맡긴다는 말은 전문가를 더 불안하게 한다. 몇 장의 꽃 사진을 찍어 주 여사에게 보냈다. 주 여사가 결정을 해주면 꽃을 집으로 배달할 수 있도록 해놓고 꽃시장을 걸어 나오다가 수국 한 다발을 샀다. 알코올성 치매로 요양원에 있는 엄마를 찾아갔다. 아버지의 소식을 알려야 했다. 10년 가까이 살 맞대고 살아온 엄마만큼은 아버지의 마지막을 알아야 했다. 혼자 사는 딸에게 짐이 되고 싶지 않은 엄마는 나와 살기를 거부하고 요양원으로 들어갔다. 엄마는 창가 쪽 병상에서 등을 돌리고 누워 있었다. 햇살이 이불처럼 엄마를 덮고 있었다.

"엄마, 나왔어"

엄마가 등을 돌렸다.

"은혜 왔구나!"

날이 좋아서 그런지 오늘은 곧바로 나를 알아본다. 가끔 딸이나 친구들을 알아보지 못하고 존댓말을 쓰곤 했다.

"아픈 데는 없어요?"

"나는 괜찮다. 수국이구나."

"엄마가 좋아 할 것 같아서."

엄마는 수국 잎을 손으로 만져보기도 하고 냄새를 맡기도 했다. 엄마의 정신이 맑을 때 아버지의 소식을 알려야 했다.

"엄마, 아버지 찾았어."

엄마는 잠시 멈칫했다.

"어디 있더냐. 그렇게 찾아도 안 나타나더만."

"근데, 돌아가셨어요. 지금 장례식장에 모셔 놓고 왔어, 가보실래요?"

엄마가 수국을 내려놓았다.

"나는 안 간다. 내가 어떻게 거기에 가, 네가 잘 모셔라, 불쌍한 사람이다."

늘 당당하고 강단 있던 엄마의 몸이 한쪽으로 기운다. 눈에 눈물이 그렁그렁 고였다. 엄마가 정신이 맑을 때 아버지의 소식을 전할 수 있는 것은 다행이다. 어쩌면 엄마가 아버지의 존재조차 잊어버리게 될 날이 올지도 모르기 때문이다.

오학년이 될 무렵 아버지와 엄마가 크게 싸웠다. 평소에 아버지는 아이를 원했고 엄마는 아버지와의 사이에 아이 갖는 것을 원치 않았다. 하지만 아버지 몰래 오래 피임약을 먹어 오다가 실수로 아이가 생겼다. 아버지는 아이 낳기를 원했고 어머니는 아이를 낳지 않으려고 했다. 아버지는 엄마가 나쁜 생각을 할까 일도 나가지 않고 엄마를 감시했다. 그렇게 버티다 7개월이 되던 해 유산을 했다. 그 아이는 사내아이였는데 아버지의 전언에 의하면 태아인데도 인물이 아주 좋았다고 했다. 아버지는 몇 달 동안 술만 마셨다.

"네 엄마가 얼마나 독한 줄 아니, 뱃속에 든 아이를 죽이려고 술을 마시고 담배까지 피워 댔다. 의사 말이 폐가 다 쪼그라들었단다. 징글징글하다. 네 엄마"

하지만 아버지는 다시 일어났다. 될 수 있으면 가족 곁을 지키려고 애썼던 아버지인데 전국을 떠돌며 팀을 꾸려서 한옥 짓는 일을 시작했다. 한옥 열풍이 불기는 했지만, 무엇보다 아버지는 엄마가 있는 집을 떠나고 싶었을 것이다. 아버지는 두 달에 한 번 집에 잠시 왔다가 다시 나갔다. 엄마는 아버지가 보내주는 생활비로 나와 오빠의 뒷바라지를 했다. 그러다 방 두 칸에 작은 가게가 딸린 곳에 구멍가게를 얻어서 잡화와 담배 등을 팔기도 했다. 나와 엄마만 그곳에서 살고 다 큰 남매를 한 방에서 재울 수 없어 오빠는 집 근처 옥탑방에 따로 살았다. 하지만 장사는 잘 안 되었고 동네 여자들이 모여서 화투를 치거나 술을 마시고 노는 장소로 이용되었다.

일 년에 한두 번이지만 아버지는 집에 오면 가장 먼저 나를 찾았다. 늘 술을 마시고 들어오기는 했지만 "우리 은혜"라고 다정스럽게 불렀다. 엄마와 아버지의 관계는 예전처럼 회복되지 않았다. 집에 며칠 머물기도 했지만, 아버지는 주로 나와 오빠하고만 말을 했다. 그러다가 내가 열여덟 살, 오빠가 스무 세 살이 되었을 때 집에 불이 났다. 원인은 담뱃불이었다. 구멍가게에 딸린 방에서 동네 여자들과 술을 마시고 종일 화투를 치다 담뱃불이 옮겨 붙는 줄도 몰랐다. 엄마는 가지고 있던 금붙이와 돈을 챙기느라 미처 빠져나오지 못하고 불에 갇혔다. 길이 좁은 동네여서 소방차가 늦었다. 물을 가져와 붓거나 소방차가 빨리 오기를 기다리기만 할 뿐 누구도 불이 붙고 있는 집에 들어가기를 꺼렸다. 그 소식을 듣고 달려온 오빠가 엄마를 구하기 위해 불 속으로 뛰어들었다. 가게에서 팔던 인화 물질이 폭발하면서 불은 집보다 커졌다. 화상을 입고 연기를 많이 마셨지만, 엄마는 살아나고 오빠는 석 달 병원에 있다가 죽었다.

"은혜야, 네 엄마가 내 두 아들을 잡아먹었구나."

아버지는 오래 힘들어했다. 일도 하지 않고 방에서 또 술만 마셨다. 나는 아버지의 눈치를 보는 일 말고는 아무것도 할 수 없었다. 엄마와는 도저히 한집에 살 수 없다는 아버지는 연장통과 옷가지들만 챙겨 멀리 지방으로 떠났다. 엄마 또한 그렇게 떠나는 아버지를 잡거나 하지 않았다.

그 후 아버지를 다시 만난 건 한참이 지난 후였다. 살던 동네를 떠나 더 외곽으로 이사를 했다. 아버지는 대문 앞에 서성이고 있었다. 행색은 초라했지만 나는 어둠에도 불구하고 단번에 아버지를 알아보았다.

"네가 보고 싶어서 참을 수가 있어야지. 지난번에 살던 동네에 가서 물어봤다. 이리로 이사 갔다고 알려주더구나."

조용히 아버지를 끌어안았다. 더 작고 야위어 있었다. 엄마를 만나고 싶어 하지 않았으므로 근처 식당으로 가서 함께 소주를 마셨다. 거처는 없고 지금도 전국을 떠돌며 목수 일을 한다고 했다. 아버지에게 내 전화번호를 주고 아버지의 연락처를 받았다. 함께 살지는 못하지만 서로 안부는 전하고 살아야만 했다. 아버지는 사진 있으면 한 장 달라고 했다. 내가 보고 싶을 때 꺼내 볼 거라고 했다. 해외 출장 때문에 찍어 둔 여권 사진 한 장이 마침 지갑에 있었다. 아버지는 사진을 몇 번이고 들여다봤다. 아버지를 만난 건 그게 마지막이었다. 한동안 서로 연락을 하고 지냈고 아버지도 간간이 전화를 걸어왔다. 점점 전화가 뜸해지고 연락 안 되는 일이 많아졌다. 마지막으로 통화한 것은 3년 전의 일이었다. 진주에 있다고만 했다. 아버지의 행적은 거기에서 끊겼다. 그 뒤부터 연락이 되지 않았다. 아버지를 찾기 위해 진주에 내려갔지만, 생각보다 큰 도시였고 몇 군데 공사현장에서 아버지의 이름을 대며 물어봐도 아는 사람이 없었다. 전화번호도 바꾸지 않고 아버지가 다시 연락해 오기만을 기다렸다.

"너무 안에만 있으면 안 돼 엄마 햇살 좀 보자."

엄마를 휠체어에 태우고 밖으로 나왔다. 여름 햇살이 뜨겁게 내렸다. 엄마는 휠체어에 나는 의자에 앉아 그늘을 늘리고 있는 느티나무만 바라보며 서로 아무 말 하지 않고 있었다. 술 때문이기도 했지만 어떤 기억을 빨리 닫고 싶어서인지 또래보다 조기 치매가 왔다.

"엄마, 엄마는 왜 그렇게 아버지에게 독하게 했어?"
엄마는 잠시 말이 없다.

"난 은혜 네가 전부다. 내가 그 사람을 사랑해서 결혼한 줄 아니, 다 너 때문이다. 나는 너 하나만 잘 키우면 뭐든지 할 수 있었다. 그 사람이 다리가 없는 사람이라도 돈만 있으면 됐었다. 그때 나는"

엄마가 옛 기억을 떠올리면서 표정을 찌푸렸다. 오로지 너 하나만 보고 살아왔음을 알아달라는 의미의 말투였다.

"그래서 나는 네 동생 생기는 것도 싫었다. 너한테 소홀해질 까봐, 이미 있는 오빠는 어쩔 수 없었고"

엄마는 아직도 단호했다.

"너 낳아 준 아버지가 그래도 너와 나를 책임지려고 노력했다. 반대하는 부모들 몰래 나를 다시 만나기도 했지. 너의 이름도 그 사람이 지어준 거다. 너의 아버지는 많이 배우고 조용하고 어진 사람이었다. 그 집에서 내 같은 사람 가당찮기는 했겠냐! 나도 안다. 내 평생 남자로 사랑한 사람은 너의 진짜 아버지뿐이다. 그러니 내가 다른 사람 아이를 낳고 싶었 겠느냐"

엄마는 아버지의 죽음을 두고 내 앞에서 고해성사 하는 것 같았다. 아버지에게 미안한 마음이 아니라 자신의 사랑으로 겉돌기만 했던 아버지와의 사랑은 사랑이 아니었음을 또 다짐하고 행동에 대해 정당화 시키고 있는 것 같았다. 엄마는 끝내 아버지의 죽음에 대해 어떤 미안함도 애도의 뜻도 표하지 않았다. 그건 어머니의 연애사일 뿐 내 아버지의 이야기는 아니라고 치부하며 아버지를 한 번 더 부정하는 엄마를 참을 수 없었다.

다시 장례식장으로 왔다. 주민등록증도 없어 영정사진 한 장 없는 장례식장은 지나치게 고요 했다. 그러고 보니 아버지의 종교가 무엇이었는지도 기억이 나지 않는다. 가방에 있던 묵주를 꺼내 단에 놓았다. 그리고 벽에 기대 멍하니 앉아 있었다.

그때 장례식장 직원이 왔다. 발인절차에 대해 의논하기 위해서였다.

"아버님 주민등록증은 있습니까. 주민등록증 사진이라도 확대해서 걸어 놓을 수 있습니다."

"주민등록증도 없습니다."

"동사무소에 가서 사정을 말하고 전자주민증으로 갱신할 때 찍은 사진이라도 달라고 해보시지요?"

"괜찮습니다. 문상 올 사람도 없습니다."

오래 지방을 떠돌던 아버지가 주민등록증을 갱신할 리가 없었다.

"발인은 어떻게 하실는지요. 장지는 정해졌습니까?"

누군가의 탄생을 기념하는 일, 누군가의 결혼식, 누군가의 회갑 따위의 파티는 많이 치러 왔지만, 누군가의 장례를 기획하고 마무리하는 일은 처음이다.

"저는 아무것도 몰라요. 도움을 좀 주세요. 아버지이기는 하지만 오래 못 뵈었고 말씀 못 드릴 사연이 있습니다. 의논할 사람도 없습니다."

상황에 직면했을 때 의논할 상대가 없다는 것은 우주에 홀로 버려진 듯 외롭고 무서웠다. 모레는 도무지 발인할 수가 없다고 말했다. 직원은 나의 처지를 안타까워했다. 그렇다면 발인을 하루 미루자고 했고 나는 동의했다. 보통 삼일장 홀수로 하는데 사정이 그러하고 그런 격식에 의미가 없다면 H그룹의 팔순 파티가 끝난 다음 날 장례를 치를 수밖에 없었다. 장지는 직원이 소개해주는 봉안당으로 결정했다. 직원은 내 처지를 안타깝게 여겨 여러 가지 도움을 주기 위해 유가족처럼 움직여 주었다.

파티가 열리는 날은 전날부터 바쁘다. 야외행사여서 우선 시간대별 일기예보부터 점검해야 했다. 다행히 비는 안 온다. 무대가 만들어지고 조명이 세팅되었다. 테이블 배치는 전날 미리 해두어야 한다. 무대 장식 등 미리 준 배치표대로 했는지 점검하는 일만 남았다. 다음 날은 아침부터 바빴다. 일찍 스텝들을 데리고 주 여사의 집으로 갔다. 대문부터 시작해 약 천 평에 이르는 정원은 길고 넓었다. 트럭 몇 대가 집 앞에 정차해 있었고 한 트럭에서 꽃과 화분을 내리고 있었다. 이름과 직위를 매단 축하화환도 속속 도착한다. 사람보다 꽃이 더 많은 행사였다. 네 시부터 손님들이 당도하므로 그 전에 모든 세팅과 리허설을 마쳐야 한다. 하얀 테이블보가 드리워지고 의자 덮개를 씌우고 있는 사람들 사이로 꽃 배달 온 사람들이 누비고 다녔다. 공식행사를 진행해 줄 사회자도 와 있었고 팝페라 가수도 도착했다. 연주 팀들도 바이올린 등 악기들을 점검하고 악보를 뒤적이고 있다. 정원은 분주히 돌아갔다. 나는 이 파티의 연출자답게 모든 구조물을 체크했다. 와인과 각종 술이 세팅되고 두 시쯤 식음료 트럭이 당도했다. 모든 준비가 완료되었다. 먼저 도착한 H그룹 회장의 손자 손녀 또는 증손들이 정원을 뛰어다녔다. 오후 세 시가 되자 손님들이 하나둘씩 도착했다. 대문 앞에는 고급 차들이 줄을 섰다. 주 여사는 단아한 자줏빛 드레스를 입고 손님을 맞이했다. 손님들이 모두 도착하고 사회자가 순서대로 식을 이어 나갔다. 전체 분위기를 살피며 스텝들에게 지시사항을 그때그때 챙겼다. 주 여사의 남편인 H그룹 대표이사의 인사말과 주인공인 회장의 인사말이 이어졌다. 회장의 휘황찬란한 일대기가 소개 된다. 사람들은 박수를 보냈다. 제일 어린 증손녀가 와서 머리에 고깔을 씌우고 얼굴에 입술을 맞추자 회장은 금빛 마침표를 찍은 듯 행복해했다. 나비넥타이를 맨 회장의 증손자가 첼로를 멋지게 켜자 사람들은 손바닥이 붉어져라 손뼉을 치며 환호를 보냈다. 이루어 놓은 것이 많은 사람의 마당은 늘 풍요롭다. 찬란한 이력과 가족 소개로 이루어진 공식 행사가 끝나자 음악 연주가 시작되고 사람들은 삼삼오오 모여서 식사를 하거나 술을 마셨다. 팝페라 가수의 노래가 끝나고 떠밀리는 척하며 모 국회의원도 나와서 노래를 했다. 동행한 그룹 안주인들이 파티가 멋지다고 칭찬을 늘어놓을 때마다 주 여사는 나를 향해 엄지를 들어 보이거나 웃어 보였다. 누군가는 밀담을 누군가는 음식을 먹고 누군가는 음악을 들었다. 연주자들은 악보를 넘기며 열심히 바이올린을 켜고 플루트를 불었다. 80세를 화려하게 살아 낸 회장은 모든 게 자신의 발밑에서 이루어지고 있음을 뿌듯해하며 몇 번이고 건배를 외쳤다. 별이 총총 뜨고 꽃들이 시들 때쯤 손님들이 돌아갔다. 파티가 끝났다. 약간 취기가 있는 주 여사가 다가와서 말했다.

"김 실장, 파티 완벽했어, 실수 하나 없이 정말 잘했어 당신은 최고의 파티 플내너야, 인정"

모든 게 최고이고 최상이었으므로 진행만 매끄럽다면 실패할 수 없는 파티지만 주 여사는 몇 번이고 나를 치켜세웠다. 두 달 동안 준비한 무대가 주 여사의 평가로 끝났다. 배우들은 돌아가고 투자자는 좋은 작품이었다고 호평을 했다. 파티가 끝난 자리는 꽃만 시들고 있다. 남은 음식들은 차에 실리고 의자가 접혔다. 스텝들에게 고생했다고 다독이고 뒷정리를 부탁한 후 장례식장으로 향했다.

영정도 조화도 없는 장례식장은 여전히 텅 비어있다. 옆 칸은 이미 발인이 끝나고 새로운 죽음이 들어와 있었다. 조화가 줄을 섰고 여전히 손님으로 넘쳐나서 상주가 슬플 틈도 없이 몇 번이고 밥과 국을 추가시키고 있었다. 소복하게 쌓인 신발들 속에서 자기 신발을 찾느라 바쁜 사람들, 봉투에 이름을 쓰는 사람들, 심지어 호상이라며 건배를 하는 사람들의 소리가 들렸다. 누군가에게는 죽음도 산 날만큼 화려했다.

 매일 똑같은 풍경을 만들어내는 옆 장례식장을 물끄러미 바라보며 오빠가 살아 있었더라면 하는 생각에 이른다. 오빠가 있었더라면 장례식장은 오빠의 지인들로 꽉 찼을 것이다. 오빠의 친구들, 직장동료들이 오빠의 직위만큼 조화를 보내고 조문을 했을 것이다. 여덟 살에 만났지만, 오빠라고 부르기 힘들었다. 오빠라고 처음 불러 본 건 열한 살이 되고 나서였다. 오빠는 아버지처럼 따뜻한 사람이었다. 오빠는 종이비행기를 잘 날렸다. 공항이 근처에 있어 하루에도 몇 번씩 지붕 위로 비행기가 날아가는 것을 보며 비행기 조종사의 꿈을 키운 오빠였다. 똑똑한 오빠는 여러 가지 방법으로 종이비행기 날리는 법을 알고 있었다. 바람의 방향을 읽을 줄도 알았고 비행기의 날개를 조종해서 비행기가 날아가는 방향을 마음먹은 대로 바꿀 수도 있었다. 날린 비행기가 부메랑처럼 나에게 돌아올 때는 오빠가 세상에서 제일 멋진 사람이라 생각했다. 공부를 잘했던 오빠는 좋은 대학을 마다하고 항공대에 들어갔고 공군을 다녀왔다. 하지만 오빠는 죽어 한 줌의 재로 하늘을 날았다.

 잠시 잊고 있었던 지난 시간이 아버지의 죽음 앞으로 달려와 조문한다. 이 세상에 문상해 줄 사람 없이 외롭게 누워 있을 아버지 생각에 가슴이 허물어진다. 이토록 허망한 죽음이 또 있을까……. 아버지의 시신을 보고도 장례식장에 안치했을 때도 안 나왔던 울음이 갑자기 쏟아졌다. 큰 소리로 울었다. 가슴을 치기도 했고 머리를 쥐어뜯기도 했다. 하늘에 들릴 정도로 아빠와 오빠를 불러댔다. 아무도 와서 울어주지 않는 외로운 장례식장에서 아버지의 죽음이 외롭지 않을 만큼 다른 사람 몫까지 울어주었다. 옆 칸에 문상 왔던 사람들이 와서 보고 가기도 했고 텅 빈 장례식장을 보고 무슨 사연이라도 있겠다는 둥 수군거리기도 했다.

울음을 추스르는 동안 직원이 발인에 대해서 이제는 결정해야 한다고 채근했다. 다음 날이 발인인데 사진도 없이 아버지를 보내야만 하나 하고 이런저런 생각에 잡혀 있는데 친구 생각이 났다. 내가 왜 그 생각을 못 했을까 내 친구 앨범 속의 사진, 불이 나는 바람에 모든 사진은 다 타버렸지만, 친구의 졸업사진 속에는 아버지가 있었다. 초등학교 졸업식 날 아버지는 일회용 카메라를 가지고 참석했다. 나와 내 친구들의 사진을 찍어주기도 하고 친구들과 함께 사진을 찍기도 했다. 사진을 여러 장 인화해서 사진 뒤에 날짜와 짧은 메모까지 넣어서 함께 찍은 친구들에게 나누어주기도 했다. 초등학교 친구 중에서 유일하게 소식을 나누고 지내는 미경이에게 전화를 걸었다. 결혼해서 부산에 살고 있어 자주 만나지는 못하고 있었다. 미경이는 아버지가 어떤 사람이었는지 알고 있었으므로 아버지의 소식을 전해 듣고 가슴 아파했다. 내 뜻을 알고 앨범 속의 사진을 찍어 휴대폰으로 전송해 왔다. 혼자 치를 장례가 안타까워 내일 당장 올라오겠다는 말을 했지만 말렸다. 보내온 사진 속의 아버지는 젊었고 친구들 틈에서 내 어깨에 손을 얹고 활짝 웃고 있었다. 휴대폰을 들고 사진관에 가서 아버지의 얼굴만 인화했다. 크고 헐렁한 남의 옷이 아니라 새 옷 한 벌 입으시라고 새 양복과 와이셔츠 넥타이 양말과 속옷 그리고 구두 한 켤레를 샀다. 그리고 꽃시장으로 향했다. 화려한 꽃만 골라 차에 실었다. 풍선과 고깔도 챙겼다. 장례식에서는 볼 수 없는 장미, 후리지아 등등의 화려한 꽃들을 장례식장 안으로 가져오자 직원이 의아해했다.

"장례식장에는 이런 화려한 꽃을 쓰시면 안 됩니다. 그리고 곧 발인인데……."

"발인을 조금 늦출게요. 그리고 제 아버지 장례식은 제가 하고 싶은 대로 할게요."

아버지 제단 앞에 국화 대신 장미꽃 테두리가 된 사진을 올렸다. 젊은 날의 아버지가 사진 속에서 웃고 있었다. 지나가던 사람이 '쯧쯧 젊은 사람이 죽었나보네' 라고 말했다.

주변에 노란 후리지아도 놓고 백합도 수북하게 쌓아 놓았다. 옆 칸에서 와서 구경하기도 했다. 풍선을 불고 리본을 묶어 제단 곳곳에 묶었다. 빨갛거나 파랗거나 노란 풍선들이 찬란하게 흔들리고 있었다. 새 옷과 신발도 사진 앞에 놓아두었다. 사진 위에 고깔을 씌웠다. 미리 준비해둔 과일과 케익도 단 위에 올렸다. 향로를 내리고 붉거나 파란 색 향초를 가져와 켜 둔다. 카세트도 준비했다. 오케스트라는 필요 없다. 아버지가 평소 좋아하고 따라 불렀던 가수의 음반을 가져와 틀어 주었다. 식장에 뽕짝이 울려 퍼진다.

"아빠, 이건 아버지를 위한 파티야, 기억나 내 생일날 아빠가 내게 해주던 거."

어둡고 칙칙한 상복을 벗어 버리고 밝고 예쁜 원피스로 갈아입었다. 아버지가 좋아하는 가수의 노래에 맞춰 몸을 옆으로 살랑살랑 흔들었다. 아버지는 노래 부르기를 좋아했다. 둘이서 노래방을 자주 갔으므로 나는 아버지들이 부를 만한 오래된 노래들을 많이 알고 있었다.
"나 아빠 앞에서 재롱떨어 본 적 없는 것 같아."

나는 한 바퀴 휘 돌아보기도 한다. 사진 속의 아버지는 여전히 웃고 있다. 카세트에서 흘러나오는 노래를 따라 불러보기도 했다.

"어때 노래 잘하지."

아버지에게 묻는다. 아버지는 '우리 은혜 백 점이야.' 하고 대답을 했다. 평소 좋아하던 후리지아 꽃향기도 맡고 케익의 촛불도 좋아라 한다.

"아버지, 아버지 아주 잘 살았어, 내겐 최고의 아버지야, 오래 기억해줄게."

장례식장 직원이 내 파티를 조용히 지켜봐 주고 있었다. 지나가던 사람이 장례식장을 힐끔거렸다. 누구는 정상이 아니라고 수군거리고 누구는 뭔가 아픈 사연이 있는 것 같다고 위로의 말을 하기도 한다. 누가 뭐라고 해도 상관없다. 우리와 헤어지고 아버지가 어떤 고통과 슬픔을 가지고 많은 날을 보내왔는지 자세히 알 수 없었지만 아픔이란 비교적 같은 모습을 하고 있으므로 짐작할 수는 있을 것 같았다.

나는 내 생애 최고의 파티를 기획하고 연출했다. 노래가 끝나고 멍하니 아버지 사진을 바라보고 있는데 직원이 다가와 발인해야 한다고 말한다. 이제는 보내야 하는 시간이다.

"아빠, 오늘 파티 즐거웠지?"

아버지가 고개를 끄덕인다. 단 위의 촛불을 껐다. 파티는 성공적으로 끝났다. 아버지는 고깔을 벗어놓고 구두를 신고 나가다 뒤돌아보며 엄지를 들어 올린다.

'인정'

# 시마을 동인화보

## 시마을 동인화보

## 시마을 동인화보

## 시마을 동인화보

2024년 창간호 Vol.01

초판인쇄 | 2024년 9월 10일
초판발행 | 2024년 9월 15일

발 행 인 | 장승규
편집위원 | 최정신 허영숙
주    소 | 서울특별시 송파구 올림픽로 135 리센츠@ 230-801
연 락 처 | 02-417-4737
이 메 일 | supexsam@hanmail.net


펴 낸 곳 | 시산맥
펴 낸 이 | 문정영
등록일자 | 2009년 4월 15일
주    소 | 03131 서울특별시 종로구 율곡로 6길 36, 월드오피스텔 1102호
전    화 | 02-764-8722, 010-8894-8722
전자우편 | poemmtss@hanmail.net
카    페 | http://cafe.daum.net/poemmtss

ISBN | 979-11-6243-509-0 (03810)


값 15,000원

■ 이 책은 전부 또는 일부 내용을 재사용하려면 반드시 저작권자와 시산맥사의
  동의를 받아야 합니다.